現代の「戦争と平和」

ロシアvs.西側世界

アレクサンドル・パノフ

聞き手 東郷和彦

目次

はじめに　ロシアの論理と心理

東郷和彦

「プーチン悪玉論」への違和感

２０２２年２月24日、ロシア軍がウクライナに攻め込みました。誠に、世界を震撼させる出来事でした。

私は１９６８年に外務省に入省し、対ソ連・ロシア外交を仕事の中心に据え、２００２年に退官すると学問の世界に転じました。それ以後、北東アジア情勢の研究に重点を置きながらも、ロシアへの関心を持ち続けてきました。そのため、ウクライナ戦争は本当に心を凍らせる事件でした。

これを受けて、岸田文雄内閣はプーチン大統領を厳しく批判しました。日本全国でも「プーチンが悪い」という大合唱が始まりました。

しかし、私はウクライナ戦争に衝撃を受けてはいたものの、その大合唱についていくことにいささか抵抗がありました。

日本をはじめ西側諸国では、プーチンはいかなる挑発も受けていないにもかかわらず、一方的にウクライナを軍事侵攻した「侵略者」だと批判されていました。しかし、私はこの見方はあまりにも一方的だと感じました。なぜプーチンがウクライナに攻め込んだのか、ロシアの論理と心理を知ろうとする姿勢が欠落していると思ったのです。

私は１９９９年に外務省欧亜局長として小渕恵三首相に同行し、ニュージーランドで開催されたアジア太平洋経済協力（ＡＰＥＣ）首脳会議に参加しました。このとき初めて、当時ロシアの首相だったプーチン氏と対面しました。まだ若かったものの、コーカサス情勢と国際テロについて明快な分析を行っていたことが印象的でした。

２００１年にイルクーツクで日ロ首脳会談を行ったときも、私は森喜朗首相に同行し、プーチン大統領の姿を間近で見ていました。このときのプーチン大統領の交渉姿勢は非常に合理的でした。

そのため、「プーチンは合理的判断ができなくなった」とか「プーチンは悪党だ」といった批判は、どうしても納得できないところがあったのです。

また、プーチン大統領がどのような判断からウクライナに侵攻したにせよ、戦争が始まってしまった以上、最優先すべきは戦争を一刻も早く止めることだと考えていました。私は戦後憲法の中で育った世代なので、紛争を平和的に解決することがいかに重要かということを叩き込まれてきました。

戦争を止めるためには、軍人が握っている決定権を外交官の手に取り戻し、交渉を始める以外に方策はありません。外交官の立場に立つなら、何よりもまず相手の立場を知ることが必須です。こうした理由から、プーチン大統領の論理をさらによく理解する必要があると考えるようになったのです。

もちろん、ウクライナがロシアに怒りと憎しみを持ち、ロシアと戦おうとするのは無理からぬことです。その気持ちは理解しなければならないし、尊重しなければならないと思います。

しかし、外交に携わってきた者として「プーチン悪玉論」の風潮に乗ることはできません。ロシアを批判するにしても、まずはロシアの論理と心理を知らなければならないと考えたのです。

パノフ元駐日ロシア大使の知見

そこで、私はこの戦争の背景を知るために、１９８９年の冷戦終結や１９９１年のソ連自壊までさかのぼり、ロシアの歴史をもう一度勉強し直すことにしました。その際に何よりも参考になったのは､旧友であるアレクサンドル・パノフ元駐日ロシア大使の知見でした。

パノフ大使は私にとって最も思い出に残る交渉相手です。1991年4月にゴルバチョフ大統領が日本を訪れました。当時、パノフ氏はソ連外務省のアジア太平洋局長、私は日本のソ連課長でしたが、お互いに心血を注いで一緒に訪日の準備をしました。以来、パノフ氏は得難いパートナーとなりました。

ソ連解体後、パノフ氏はロシア外務次官を経て1996年から2003年までの7年間、駐日大使として赴任され、日本中を飛び回ってロシアの魅力を各界に伝えられました。森首相とプーチン大統領の会談も、私とパノフ大使が黒子となってアレンジし、交渉を進めました。

その後、パノフ氏はノルウェー大使、ロシア外務省外交アカデミー院長を務めたあと、母校モスクワ国立国際関係大学教授、在モスクワアメリカ・カナダ研究所上席研究員として、華麗な外交官としての経験を学問に生かし、特に日本研究において巨大な成果を築いていきました。

そのパノフ氏は、ウクライナ戦争が始まった直後、驚くべき行動に出ました。

パノフ氏たちはアメリカ・カナダ研究所主導で、ロシアと欧米の学者の間で戦争回避のための対話を始めていました。そして、ロシアがウクライナに攻め入ると、すぐに「停戦とリスク軽減のための共同アピール」を発表したのです。それは、ロシアと北大西洋条約機構（NATO）間の軍事衝突を懸念し、すべての当事者が即時かつ無条件に停戦に同意し、事態を緩和するための措置をとることを求める内容でした。

ロシアでは、アメリカ・カナダ研究所をはじめ多数の研究所や大学から約50名の研究者がこの勇気ある提案に参加しました。その中心にいた人たちは少なからぬ影響を受けました。アメリカ・カナダ研究所の研究部長、パノフ氏、ヨーロッパ研究所長の3名は、ロシアで安全保障問題を議論する最高組織・国家安全保障会議の研究者部会の構成員でしたが、いずれもその職から解任されました。

幸い、それ以上の社会的制裁はありませんでした。パノフ氏は現在、モスクワ国立国際関係大学における重鎮として、またアメリカ・カナダ研究所の上席研究員として、以前にも増して旺盛な著述・言論活動を続けています。

対話と絆を絶やさない

ウクライナ戦争が始まってからおよそ1か月後の2022年3月末、ロシアとウクライナはイスタンブールで交渉を重ね、停戦合意の直前までこぎつけました。ところが、アメリカとイギリスが介入し、停戦合意は反故にされました。その結果、西側諸国がウクライナにひたすら武器を与え、ウクライナが勝つまで戦争を続けさせるという今日の構造が生まれました。

この間、日本は「プーチンが悪い」という西側世界の論理を受け入れ、アメリカが主導する対ロシア制裁にもエネルギー分野を除いて全面的に協力してきました。これに対してロシアは対抗措置をとり、日ロ関係は非常に悪化してしまいました。

私はパノフ氏と随時連絡をとっていましたが、パノフ氏は即時停戦を掲げていたとはいえ、日本を含む西側の対ロシア政策に悲しみと怒りを覚えているように感じました。

戦争が2年目に入った2023年5月、G7サミット（主要7カ国首脳会議）が広島で開催されました。ここで日本は議長国としてロシアを最大限の言葉で非難しました。

その直後、パノフ氏は日本にやってきました。1956年に日本とソ連が国交回復して以来、日ロ関係が最悪になったいまだからこそ、日本と対話を続け、絆を絶やさないことが必要だという気迫を感じさせる来日でした。

私はパノフ氏と一緒にいくつかの会合に参加するとともに、『月刊日本』（2023年7月号）で対談を行い、ウクライナの現状や広島サミットの評価、米中との関係、日ロの将来などについて語り合いました。

その後、ウクライナ戦争にとって大きな影響を与える出来事が起こります。２０２３年10月にイスラムテロ組織ハマスがイスラエルを急襲し、イスラエルとハマスの軍事衝突が勃発したのです。その結果、世界の関心はウクライナからイスラエルへと移っていきました。

そして、戦争がちょうど3年目に入った直後、パノフ氏は再び日本にやってきました。私はパノフ氏と一緒に会合に出たり、『月刊日本』（２０２４年5月号）で対談を行い、日本を含む西側とロシアの関係改善について模索しました。

本書ができるまで

この対談のあと、パノフ氏から対談の内容を膨らませ、２人で本を出版しないかと提案されました。アメリカの大統領選挙が11月に行われ、トランプ前大統領が再選する可能性もあると言われていました。この選挙結果はウクライナ戦争にも影響を与えます。まだ選挙がどうなるかわからないとはいえ、幅広い視点で歴史を眺めつつ、未来を考える内容にしないかと提案され、素晴らしいアイディアだと感じました。

しかし、仮にアメリカ大統領選挙の前に本を出版するなら、非常に緻密な作業が必要になります。それを可能にしてくれるのは、『月刊日本』での対談を通してパノフ氏と私の考えを熟知し、かつ拙著『プーチンvs.バイデン』（ケイアンドケイプレス）を出版してくれた中村友哉編集長しかいないと思いました。

そこで、対談後にパノフ氏と中村氏の3人で何度も打ち合わせを行い、パノフ氏が離日する前に本書の構成を決めました。パノフ氏にはまずいくつかのテーマについて本当に言いたいことを書いてもらうことにしました。

パノフ氏は5月末までにロシアからすべての草稿を送ってくれました。その草稿を一読し、まさに学者としての本領が発揮されたものだと感じました。

パノフ氏は1996年に日本外交と日ソ、日ロ関係の推移に関する論文で政治学博士号を取得しています。私は当時、モスクワの日本大使館に次席公使として勤務していましたが、モスクワ国立国際関係大学で行われた最終試験に招待され、質問を許される光栄に浴しました。緊張はしましたが、楽しいひとときでした。

パノフ氏はそのころすでに、ゴルバチョフ大統領の訪日から冷戦終結までを扱った『不信から信頼へ　北方領土交渉の内幕』（サイマル出版会）を出版していました。その後、駐日ロシア大使としての経験をつづった『雷のち晴れ　日露外交七年間の真実』（NHK出版）を上梓します。また、私との共編著で『ロシアと日本　自己意識の歴史を比較する』（東京大学出版会）を出し、ロシア語版も出版しています。

もちろん、パノフ氏はロシアでも次々に書籍を発表しています。私の手元には『日本に

ついて　外交官の経験と研究』、『昭和の革命　戦後日本の近代化（1945年～1952年）』、パノフ・サルキソフ・ストレリツェフ共著『日本外交の歴史』、『鳩山家の肖像　日本の歴史を背景として』などがありますが、まさに日本専門家たるに相応しい研究成果です。今年の4月には、過去10年間に出版された論文の総集編『日本研究　国内政治と外交政策』を出版しました。600ページを超える大著です。

今回パノフ氏が送ってくれた草稿も、学者らしく非常に優れた論理展開がなされていました。私はパノフ氏の議論をできるだけそのまま日本の読者に伝えたいと考えました。そこで、パノフ氏の草稿を文意を変えずに日本の読者に伝わりやすいような形にし、私自身は「聞き手」に徹することにしました。

ロシアの生の声を聞く

外交の要諦は、相手の意見にしっかりと耳を傾けることです。それをしない限り、交渉は進みませんし、関係改善など望むべくもありません。しかし、残念ながら日本に入ってくるロシアの情報は、その大半は欧米経由であり、ロシアの考えがきちんと伝わっているとは言えません。

そうした中で、ロシアの主張を日本の読者に届けることには意味があると思います。しかも、パノフ氏は対日政策を主導した経験があり、日本研究の第一人者でもあります。パノフ氏の議論を聞けば、ロシアの知識人たちがどういう考えをしているかがよくわかるはずです。

折しも、アメリカのFOXニュースの看板アンカーだったタッカー・カールソン氏がプーチン大統領に2時間にわたってインタビューし、プーチン大統領の生の声を引き出したことが話題になりました。本書ではカールソン氏がプーチン大統領に対して果たした役割を、私がパノフ氏に対して果たしています。

本書の目的は、日本の人々にロシアの生の声を届けることです。そのため、日本の読者からすれば違和感を覚えるところもあるかもしれません。たとえば、日本をはじめ西側では、いまウクライナで起こっている戦いは「ウクライナ戦争」と呼ばれていますが、ロシアでは「特別軍事作戦」と呼ばれ、戦争とは見られていません。しかし、そうした箇所も特段注釈を入れずにそのままにしています。なお、役職名など肩書は当時のものを使用しています。

また、本書をまとめる最終段階でウクライナ軍がロシア西部のクルスクに侵攻したので、パノフ氏にそれに関する議論も追加してもらいました。

最近、西側ではしばしば停戦論が主張されるようになっています。しかし、日本政府や日本のマスコミは相変わらずプーチン悪玉論を続けているだけで、どうやって戦争で亡くなる人を少しでも減らすかという視点が欠如しています。

本書がロシアを知り、停戦実現の一助となれば、それに優る喜びはありません。

第1章　なぜ「特別軍事作戦」を始めたのか

西側世界からの排除

東郷　ロシアがウクライナへの攻撃を開始してから2年以上が経過しました。まずはなぜこの戦いが始まったのか、その背景についてパノフさんの見解をうかがっていきたいと思います。ロシアではこの戦いの原因はどう考えられていますか。

パノフ　この紛争には歴史的な起源があります。現在の戦いはロシアとウクライナの間で起きているように見えますが、実際はロシアと「集団的西側」、つまりアメリカや西ヨーロッパ連合との間で起きています。

東郷　「集団的西側」は最近ロシアでよく使われている言葉ですね。

パノフ　アメリカ及びドイツ、フランス、ポーランド、バルト三国を中心とする欧州諸国はウクライナに近代兵器を提供したり、軍事訓練を施しています。また、諜報活動や軍事作戦について協議し、実際にウクライナ軍の軍事作戦の指揮をとるなど、多面的な支援を行っています。

ソビエト連邦崩壊後、アメリカとその指導下にあった欧州諸国の政治エリートたちは、歴史的に誤った決定を下しました。現在これらの国々の多くのアナリストや政治家が、自分たちの判断が誤りだったことを認めています。

過ちの本質は、ヨーロッパ共通の安全保障空間からロシアを排除したことです。これは彼らの最初の目標でした。統一ヨーロッパはＮＡＴＯと欧州連合（ＥＵ）という二つの柱の上に築かれるべきとされ、ロシアがこれらの組織に加盟することを許さなかったのです。

ロシア指導部は米欧に対して、どの国も自国の安全保障を心配しなくて済む、新たな欧州安全保障システムを形成すべきだと何度も提案してきました。しかし、彼らはロシアの提案に積極的に応じる用意もなければ、その意思も示しませんでした。

東郷　当時、ロシアはＮＡＴＯやＥＵに参加することに前向きでした。

パノフ　ロシアはＮＡＴＯへの参加を繰り返し求めてきました。１９９４年にボリス・エリツィン大統領がビル・クリントン大統領と会談した際、このことを提案しました。２０００年にウラジーミル・プーチン大統領がクリントン大統領と会談したときも、この提案を繰り返しました。プーチン大統領は2024年2月、アメリカのジャーナリスト、タッカー・カールソン氏のインタビューでこのときのやり取りを明らかにしています。

また、ロシアはEUとも長い間、パートナーシップや協力に関して交渉してきました。経済や安全保障、司法、研究、教育、文化といった分野についてはロードマップの合意に至っていました。それが実施されていれば、ロシアはEUの活動に加わることができたはずです。

ところが、交渉の過程で、EUはロシアの利益を無視し、ロシアと対等な協力関係を築こうとせず、自分たちの利益のみを確保しようとしていることが明らかになりました。そのため、クリミアがロシアに統一され、EUがロシアに経済的、政治的制裁を科した段階で、この対話は事実上中断されました。

アメリカのゼロ回答

東郷　日本を含め西側のメディアでは、ロシアが突然ウクライナに侵攻したかのように見られています。しかしロシアからすれば、自分たちは何度も対話を呼びかけてきたのに、それを拒否したのは西側だということになるわけですね。

パノフ　ウクライナで特別軍事作戦を開始する際も、ロシアはそれに先立ちアメリカとN

ＡＴＯ加盟国に安全保障条約の締結を提案しています。この文書の草案は２０２１年12月17日にロシアから提出されました。それは以下のような内容でした。

（１）モルドバ、ウクライナ、グルジアをＮＡＴＯに加入させない。

（２）ＮＡＴＯ加盟国はウクライナ及び他の東欧諸国の領土においてすべての軍事活動を停止する。

（３）ＮＡＴＯはロシアを含む他国にある標的を攻撃できる領土に、短距離及び長距離ミサイルを配備しないことを約束する。

これとは別に、ロシアとアメリカの間で安全保障に関する行動規範を作成することも提案されました。

（１）双方の安全保障を対等かつ不可分なものとし、互いの安全保障に影響を及ぼすような行動をとらないという原則に基づき協力する。

（２）互いに攻撃するために第三国を利用しない。

（３）旧ソ連の非ＮＡＴＯ加盟国の領土に軍事基地をつくらない。

（４）ＮＡＴＯの東方拡大をやめる。

（５）モスクワとワシントンが自国の安全保障を脅かすと考える地域に武器を配備することや重爆撃機を飛行させること、軍艦を通過させることを拒否する。

しかし、アメリカとＮＡＴＯ加盟国はロシアの提案をすべて拒否しました。

東郷　まさにゼロ回答です。

パノフ　ロシアのセルゲイ・ラブロフ外相が明らかにしたところによると、２０２２年１月にブリンケン国務長官とジュネーブで会談した際、アメリカ側はＮＡＴＯが拡張しないことについていかなる約束もするつもりはないと主張しました。ウクライナのＮＡＴＯ加盟は議論の対象にならないということです。その一方で、アメリカはウクライナに配備する中距離ミサイルの数については、話し合う用意があると述べたとのことです。

ウクライナがＮＡＴＯに加盟すれば、ロシアの安全保障に対する直接的な脅威になります。また、アメリカの中距離ミサイルが配備されれば、ロシアの戦略施設を数分以内に攻撃できるので、これも同じく脅威です。

集団的西側の狙いは、ロシアが旧ソ連諸国とともにＥＵのような共通の政治・経済空間に統合されるのを阻止すること、あるいは妨害することです。ヒラリー・クリントン国務長官が言ったように、「ロシア帝国の再現」を防ぐことが彼らの課題でした。

しかし、ロシアの指導部やロシア社会はそのようなことは考えていません。アメリカが言っている構想はまったくもって非現実的です。それなのに、彼らはロシアを排除したのです。

ＮＡＴＯの東方拡大

東郷　米ロ間ではＮＡＴＯの東方拡大が大きなテーマになっていました。私自身は、ＮＡＴＯの東方拡大が今回の戦争の一つの要因だと見ています。

パノフ　もともとアメリカは、文書になってないとはいえ、ＮＡＴＯを東方に拡大しないことを確約していました。ところが、ＮＡＴＯの加盟拡大は5度にわたって行われました。ドイツ連邦、東欧、バルト諸国が次々にＮＡＴＯに加盟しました。さらに、２００８年にブカレストで開催されたＮＡＴＯ首脳会議で、グルジアとウクライナ、すなわち旧ソ連諸国の加盟にまで道を開く決定がなされました。

注目すべきは、アメリカと欧州諸国はロシアからの脅威をまったく感じていなかったということです。それにもかかわらず、ＮＡＴＯの拡張と、ロシア領土への接近が行われたのです。２００７年2月のミュンヘン安全保障会議でプーチン大統領が述べたように、ロシア指導部はこの政策によって悪影響が生じると警告しましたが、アメリカや欧州諸国の指導部は相手にしませんでした。

東郷　ロシアにとっては許しがたいことだと思います。西側がレッドラインを越えたと思ったとしてもおかしくありません。

パノフ　実際、ＮＡＴＯ加盟が約束されたことで、これらの国の指導者たちは冒険主義的な行動をとるようになりました。

グルジアは２００８年にアブハジアと南オセチアに軍事攻撃を仕掛けました。また、ウクライナも事実上ＮＡＴＯ加盟に向けて動き始め、ウクライナ軍はＮＡＴＯ基準で訓練され、軍人はＮＡＴＯ諸国で教育・訓練を受け、ＮＡＴＯの軍艦が黒海のウクライナの港に定期的に寄港するようになりました。ここはロシア領のすぐ近くです。こうした活動は、２０１４年春にキエフでクーデターが起こったあと、特にヴォロディミル・ゼレンスキー大統領が誕生してから著しく増加しました。

ヴィクトリア・ヌーランド国務次官補は、アメリカがウクライナで反ロシアの政治家を政権につかせるために50億ドル費やしたことを公けに認めています。実際、アメリカは２０１４年に起こったクーデターを後援し、指揮していました。このクーデターのあと、ウクライナを公然と反ロシア国家にするプロセスが加速したのです。

２０１６年７月のＮＡＴＯ首脳会議では、ロシアが同盟にとって主要な脅威であるとされ、その抑止がＮＡＴＯの新たな任務であると公式に宣言されました。そして、ロシアの国境付近でＮＡＴＯの軍事活動が強化され、リトアニアやラトビア、エストニアのバルト三国に軍隊が配備され始めたのです。

ウクライナ民族主義の台頭

東郷　ロシアとウクライナは長い歴史の中で領土の範囲がどんどん変化しています。そのため、ロシアやウクライナの本来の領土はどこまでなのか、といった議論も行われています。

パノフ　ウクライナ領土の形成過程には、ロシア帝国がドニエプル川の両岸に位置するロシア固有の土地をポーランドから取り戻したことが関わっています。

また、１９１７年の革命と内戦を経て、１９２２年にソ連指導部はウクライナをはじめ社会主義共和国によるソビエト社会主義共和国連邦を結成しました。その際、ウクライナ・ソビエト社会主義共和国の領土には、黒海沿岸やドネツク、ルガンスク領などウクライナと歴史的に何の関係もない地域も含まれることになりました。

第二次世界大戦前後に、ウクライナはポーランドやハンガリー、ルーマニアの一部を獲得しました。また、１９５４年にソ連指導部がクリミアをウクライナに編入しました。そのため、ウクライナはある意味、ソ連の指導部によってつくられた人工国家とも言えるのです。

ウクライナが歴史的に見れば実質的に独立国家でなかったことは、ウクライナのエリートたちの間で民族主義イデオロギーが広がることにつながりました。ウクライナは独立国家になる必要があり、それが当然のことと考えられるようになったのです。

東郷　独立国家でないからこそ、独立を求める意識がどんどん強まり、ときに過激化するというのは、国際政治においてよく見られる現象です。

パノフ　第二次世界大戦中には、ウクライナの民族主義イデオロギーの指導者たちは「ウクライナ蜂起軍」をつくり、ウクライナを占領したドイツ軍に加担しました。ナチス・ドイツに協力することで、独立ウクライナを創設する権限を得ようと考えたのです。

しかし、ナチス・ドイツがウクライナの独立に同意するはずがありません。ドイツ指導部はウクライナのパルチザン運動を鎮圧し、自分たちの地政学的な目的のためにウクライナ軍を利用しました。その結果、ウクライナの民族主義者たちが民間人を中心に10万人以上のポーランド人を殺害した「ヴォルィーニの大虐殺」が起こったのです。

戦争末期、ウクライナ蜂起軍の主要指導者たちは軍事法廷で処刑されたり、長期の拘禁刑に処せられました。しかし20世紀半ば、ソ連指導部によって釈放されることになりました。

ロシア語話者への弾圧

東郷　ウクライナのネオナチの存在は世界的に広く知られています。アメリカやヨーロッパなど西側諸国ももちろん知っています。しかし、彼らはこの事実をあえて指摘してこなかったように見えます。

パノフ　ソ連崩壊後、ウクライナの戦争犯罪者たちはウクライナにおける民族主義運動、すなわち事実上のナチズム運動の復活と、戦時中の犯罪者を美化するキャンペーンに最も積極的に参加しました。彼らはアメリカやカナダ、ヨーロッパ諸国に亡命していたのですが、こうした国々はウクライナのキャンペーンに否定的な反応を示しませんでした。それどころか、彼らは「ウクライナ独立の闘士」とまで謳われるようになりました。

そのことを端的に示しているのが、２０２３年9月にゼレンスキー大統領がカナダを訪問した際に起こった出来事です。カナダの国会議員たちが、同席していたウクライナの戦争犯罪人ヤロスラフ・グンコにスタンディングオベーションを送ったのです。

これは国際社会から厳しく批判されました。そのため、カナダのトルドー首相は自分たちの行動について言い訳しなければならなくなりました。

東郷　相手がナチズムにシンパシーを持っているとすると、なかなか対話したり交渉するのは難しいですね。

パノフ　ソ連が崩壊したあと、ロシア指導部はウクライナと友好関係を築こうとしました。これには理由がありました。ウクライナの住民の90%がロシア語を話し、共通の文化や歴史、宗教を持っており、経済交流も盛んだったからです。しかし、ウクライナの民族主義・

反ロシア勢力は、主にアメリカの支援を背景に、ロシアとの関係断絶とNATO加盟を目指す方針を打ち出したのです。

彼らが公然と権力を握ったのは、2014年にキエフでクーデターが起こってからです。これによってキエフ新当局の素顔が明らかになりました。クリミアやドネツク、ルガンスク地方ではロシア語を話す住民が圧倒的多数を占めており、キエフのクーデターを受け入れない人々がたくさんいました。しかし、彼らはロシア語を話す権利を奪われ、親ナチス的なイデオロギーを押しつけられました。キエフ当局はこれらの地域の住民を服従させようとしたのです。

また、クリミアには新しい秩序の確立のために武装勢力が派遣されました。しかし、クリミアの人々は断固たる反発を示します。

2014年3月11日、ウクライナの一部であったクリミア自治共和国の最高会議が独立宣言を採択します。そして同16日、ロシアへの編入を問う住民投票を実施しました。その結果、投票者の90%以上がロシアに編入されることを支持しました。これにより、同18日にクリミアのロシア編入に関する条約が調印されたのです。

国連国際司法裁判所は2010年7月22日、セルビア領コソボが住民投票によらず独立を宣言したことに関して、国家の一部による独立宣言は国際法のいかなる規範にも違反しないと判断しています。これはクリミアの独立を考える上で注目に値します。

ミンスク合意の不履行

東郷　ロシアはウクライナに軍隊を送るに先立ち、ミンスク合意を破棄しました。ミンスク合意とは、ウクライナ東部のドネツク州とルガンスク州における紛争を停止させるために結ばれた合意のことです。ロシア側はウクライナがこの合意を守っていないことを激しく批判していました。

パノフ　これらの地域の住民はキエフのクーデターを認めていませんでした。そのため、キエフは彼らに対する反テロ作戦を開始し、大規模な軍隊を派遣しました。１年以上続いた戦闘の結果、ウクライナ軍は大きな損害を被りました。

そこで、ドイツとフランスがキエフ政権を救うために軍事行動を停止するように働きかけ、２０１５年２月にミンスクで停戦が合意されました。これによって以下のことが決まります。

（１）敵対する当事者たちを引き離すこと。

（２）ドネツクとルガンスクで選挙を実施すること。

（３）ウクライナ憲法を改正してこれらの地域に特別な地位を与えること。

（4）これらの地域とロシアの国境の支配権をウクライナに移譲すること。
これはまさにこの順番通りに実行されるべきでした。しかし、ウクライナは当初からこの順序を守らず、両地域に特別な地位を与えることを含む一連の合意を完全に放棄しようとしました。

ロシアはドネツクとルガンスクはウクライナの一部であり続けるべきだという立場を公式にとっていました。他方、キエフの閣僚や政治家、議員、知事たちは、彼らの発言や声明を見れば明らかなように、ドネツクとルガンスクの住民のことをロシア語を話す「よそ者」と見なしていいます。彼らをテロリストや人間以下の存在と侮辱することもありました。ゼレンスキー大統領も「荷物をまとめてロシアに行くべきだ」と公言していました。

ロシアはウクライナ内戦の当事者ではありませんが、和平の確立とウクライナ内の問題の解決を目指す政策を積極的に支持し、ミンスク合意に署名しました。ミンスク合意は国連安全保障理事会でも承認されています。

ロシアはこれらの合意を履行するように粘り強く求めました。しかし、キエフ当局はあらゆる方法でその履行を妨害しました。ウクライナ軍がドネツクとルガンスクの民間施設を定期的に砲撃し、高齢者や子どもを中心に８０００人以上の市民が命を落としました。キエフは「反乱軍の領土」に対して軍事行動を再開すべく、着々と準備を進めていたのです。

ウクライナ軍の攻撃計画

東郷　ロシアからすれば、ウクライナはロシアとの対話を拒否しただけでなく、先に攻撃を仕掛けようとしていたということになるわけですね。

パノフ　ゼレンスキー大統領が２０２４年2月25日に「ウクライナ２０２４会議」で認めたように、２０１９年にプーチン大統領はミンスク合意にしたがってドネツクとルガンスクで軍事行動を停止するように提案していました。しかし、ゼレンスキー大統領はミンスク合意をまったく信じていなかったので、それに応じませんでした。ウクライナ軍はロシアが特別軍事作戦を行う前に、ドネツクとルガンスクを攻撃する計画を立てていたのです。ロシア指導部はこのことを事前につかんでいました。

このことは、ウクライナのダニロフ国家安全保障防衛会議書記も認めています。ダニロフ書記は２０１９年12月9日にパリで開かれたミンスク協定の参加者会議で、ゼレンスキー大統領がこれらの協定に同意せず、その後、非常に強力に戦争の準備を始めたと述べています。ゼレンスキー大統領が当時、「ミンスクはないだろう。これは戦争だ」と述べたことも明かしています。

ミンスク協定にはフランスとドイツも調印しましたが、彼らもこれを守るつもりはありませんでした。ドイツのメルケル前首相とフランスのオランド前大統領は、協定に署名した目的はただ一つ、キエフ当局がドネックとルガンスクを武力制圧するための時間稼ぎだったと公けに認めています。

このように、ロシアとウクライナの対立は、本質的には2014年にキエフでクーデターが起こったときから始まりました。特別軍事作戦は、ウクライナからやってくる直接的な脅威に対してロシアが示した回答だったのです。

したがって、特別軍事作戦は防衛的な性格を持っています。自国の安全を確保するとともに、歴史的にロシアに属していた土地に住み、ロシア国籍を持つ住民やロシア語を話す住民を保護することを目的としているのです。

被包囲メンタリティ

東郷　ロシアの行動を説明する際には、「被包囲メンタリティ」という視点が重要です。これは、外国がいつ攻撃を仕掛けてくるかわからないので、常に万全の準備を整える必要があるという姿勢のことです。

パノフ　圧倒的多数のロシア国民は、安全保障の問題に対して特別な感受性を持っています。この点について、ロシア国民の歴史的記憶は決定的に重要です。

何世紀にもわたって、ロシアは西側から大規模な攻撃を何度も受け、そのたびに撃退しなければなりませんでした。17世紀にはポーランドから、18世紀にはスウェーデン、1812年にはフランスから侵略されました。60万を超えるフランス軍には欧州の半分近くの国が参加していました。彼らを撃退するために戦ったのが「祖国戦争」です。

第一次世界大戦ではカイザーのドイツがロシアとの戦争を始め、世界規模の戦いに発展しました。第二次世界大戦では、ナチス・ドイツがイタリアやハンガリー、スペイン、ルーマニア、フランスの連合軍とともに、ソ連だけでなく本質的にロシア国民を破壊しようとしました。この戦争はロシアでは「大祖国戦争」と呼ばれています。この戦争によってソ連は大変な被害を受け、2700万人以上が亡くなりました。

これらはいずれも、ロシアがヨーロッパに攻撃を仕掛けたのではなく、ヨーロッパがロシアに攻撃を仕掛けたのです。このことはロシア人とロシアに住む民族の歴史的記憶の中に永遠に刻まれています。ロシア人がこのような深い感情を持つことは、これまでアメリカやヨーロッパ諸国の政策では考慮されてきませんでしたし、また現在も考慮されていません。

東郷　それは世界的に見て、ロシアを知る専門家が少なくなっていることとも関係していると思います。

パノフ　ソ連崩壊後、アメリカやヨーロッパの主要国では、新生ロシアの政策、とりわけ国内政策に関する研究が著しく縮小されました。ソ連を研究する科学センターは閉鎖され、ロシア研究のための助成金はなくなり、ソ連専門家はロシアと関係のないテーマの研究に切り替えていきました。

新生ロシアは外交政策に影響力を持たない弱小国家となり、経済は嘆かわしい状態にあり、軍事的潜在力はほとんど失われたと見られていました。また、ロシアの新指導部は西側の民主的価値観にコミットし、西側の一員になる用意があると主張していたので、ロシアはもはや脅威ではなく、その政策をあらゆる側面から研究する意味はなくなったと考えられていたのです。

こうした見方は日本の学界や政治家の間でも広がっていました。そのため、ロシア問題を扱う学者や研究者は著しく減少し、ロシア人の学者との接触も最小限になりました。もちろん、ロシア研究を行っている専門家がいないわけではありませんが、それが日本の政界の関心を引くことはなくなりました。

しかし、ロシアは再び世界的に影響力のある大国として台頭しました。アメリカやヨーロッパ、日本の支配者層はそのことを予測できませんでした。ロシア専門家が実質的に残っておらず、わずかに残っている人たちもロシアについて深い分析ができず、ロシア社会の実像と新生ロシアの国益について把握できていなかったからです。

彼らの情報量は非常に限られており、反政府勢力から提供された情報に依拠していました。しかし、反政府勢力にはロシア社会で起きていることを客観的に評価する能力も意思もありません。そのため、アメリカや欧州諸国は、ロシアの実情やロシア社会のムード、ロシアが内政・外交において国益にしたがって自主的かつ自立的に行動する可能性を持っていることをきちんと分析できなかったのです。致命的な誤りだったと思います。

第2章　ロシアvs.「集団的西側」

NATOの兵器供与

東郷　西側では、ロシアが戦争を始めるとウクライナはあっという間に制圧されると見られていました。しかし、ウクライナが猛烈な反撃を行い、世界の予想は外れました。ロシアはこれまでの戦いをどう見ていますか。

パノフ　2022年2月24日、ロシア軍は南、東、北の3方向から同時にウクライナ領土への攻撃を開始しました。

この作戦が行われる前は、アメリカの情報機関の推定によると、ウクライナとの国境には15万人のロシア軍が配置されていました。また、ドネツクとルガンスクには最大4万人の戦闘員がいたとされています。これに対して、ドネツク・ルガンスクに対する戦闘作戦を開始するために集められたウクライナの軍隊は、13万人以上にのぼりました。

多くのアナリストによれば、ロシアは特別軍事作戦を始めるにあたって、ゼレンスキー大統領率いるウクライナ中央政府が国民の大半の支持を得ておらず、軍隊の訓練や装備も不十分で、ネオナチの組織も戦闘能力に乏しいと予測していました。そのため、キエフに急襲を仕掛ければ、ウクライナ指導部の士気は低下し、ロシアが求めるウクライナの非武装化と非ナチ化に応じざるを得なくなると見ていました。

しかし、これは実現せず、和平協定を締結するためにトルコのイスタンブールで交渉が行われることになりました。協定の締結にとって好ましい条件を整えるべく、ロシア軍はキエフ周辺から撤退しました。しかし、イスタンブール協定がウクライナの指導部によって承認されることはありませんでした。

その一方で、２０２２年3月にはロシア軍はヘルソン市を占領し、ヘルソン州全域を支配しました。ザポロジエ州では、メリトポリ市やベルディアンスク市、エネルホダル市、さらにヨーロッパ最大のザポロジエ原子力発電所が支配下に置かれました。ロシア軍がメリトポリ市を占領したことで、ウクライナはアゾフ海へのアクセスを失いました。7月初旬にはルガンスク人民共和国の領土はウクライナ軍から完全に解放されました。

その後、8月下旬になると、ロシア軍は攻撃作戦から防御作戦に移行し始めました。全長２０００キロを超える戦線のほぼ全域で戦わなければならなかったからです。それには兵力が不足していましたし、ＮＡＴＯからウクライナに大量の兵器が供与されたことも大きな要因でした。

ウクライナの「反転攻勢」

東郷　私もウクライナ戦争の戦況を報道を通してチェックしていましたが、ＮＡＴＯがウクライナへの支援を強めたことで、ウクライナ軍がどんどん盛り返していった印象を受けました。

パノフ　ウクライナでは総動員令が発表され、最大約１００万人が徴兵されました。しかし、夏にはすでにロシアはウクライナだけでなくＮＡＴＯとも対峙していました。

9月中旬、ロシア軍は新たな陣地に撤退することを決め、すでに支配下にあった多くの町から撤退しました。9月21日には予備役の部分動員を行います。その数は30万人にのぼりました。

また、9月23日から27日にかけて、ヘルソン、ザポロジエ両州、ドネツク、ルガンスク両人民共和国でロシアへの加盟を問う住民投票が実施されました。その結果、これらの地域の住民がロシアの一部になりたいという意思を持っていることが確認されました。

しかし11月になると、ロシア軍はヘルソン州の右岸地域から撤退し、全般的に守勢に回らざるを得なくなりました。これによって戦線は膠着状態に入ります。両軍とも本格的な攻撃作戦を展開できないまま、長期にわたる陣地戦が始まったのです。

この間、ウクライナ軍はNATO諸国から支援を受け、訓練を施されたり、装備も供給されていました。そして2023年夏ごろになると、ウクライナ軍はメリトポリやクリミアへのアクセスを確保するため、ザポロジエで攻勢を開始します。世に言う「反転攻勢」です。

しかし、彼らはロシア軍の第一次防衛ラインを突破できませんでした。結局、2023年12月にゼレンスキー大統領は反転攻勢の終結を正式に発表せざるを得なくなりました。すでにこのとき、今度はロシア軍が反転攻勢を始めていました。これは人的損失をできるだけ避けることを念頭に置き、急がず、組織的に行われました。

2023年の初めより、ロシア軍は40万の契約軍人、つまり金銭的報酬を受けとり特別軍事作戦に参加する意思のある人を採用していました。ショイグ国防相によると、2024年には契約軍人の数を約80万人に増やすので、予備役の追加動員は必要ないということです。

2023年12月にプーチン大統領が報告したように、ロシアでは61万7000人の軍人がウクライナで特別軍事作戦に参加しています。ロシア軍の総数を150万人に増やすことも決まっています。また、2024年の国防費は国内総生産（GDP）の6％を予定しており、これは1100億ドルに相当します。

他方、ウクライナはこの戦いで自国の領土の約20％を失いました。また、NATOの情報源によれば、2023年末までに50万人以上の軍人が死傷し、ロシア国防省によれば38万3000人が死傷したとされています。

2万人の外国人傭兵

東郷　実際、NATOや西側諸国はロシアとウクライナの戦いにどれくらい介入しているのでしょうか。

パノフ　ロシア国防省のデータによりますと、特別軍事作戦が始まって以来、ウクライナ側で戦った外国人傭兵の犠牲者は5800人以上に達します。犠牲者の内訳は、ポーランドが1497人、アメリカが491人、イギリスが344人、フランスが147人となっています。ウクライナ当局によると、外国人傭兵は52カ国から集まり、その数は2万人にのぼります。

また、ロシア軍はこの戦いで外国の兵器を次々に破壊しました。いくつか例をあげれば、ドイツの「レオパルド」やアメリカの「エイブラムス」といった最新鋭の戦車を含む1万4000両の戦車、アメリカの「ブラッドレー」を含む歩兵戦闘車、553機の航空機と254機のヘリコプター、8500門の野砲と多くのロケットランチャーです。

先ほど述べたように、NATO諸国は絶えずウクライナに軍事援助を行い、大量に武器を渡し、ウクライナ兵の軍事訓練も行っています。イギリスで1万8000人、ドイツで1万人、フランスで7000人が訓練を受けました。また、アメリカは1100億ドルもの援助を行っており、EUからは520億ユーロ、その他の国の援助も360億ユーロにのぼります。

国連によると、2024年1月現在、特別軍事作戦が始まってから630万人以上の人々がウクライナを離れ、主にヨーロッパ諸国に定住しています。

ロシア指導部は繰り返し外国がウクライナに軍事援助していることを非難しており、西側諸国はウクライナ紛争の当事者になったと主張しています。その上で、いくら西側が兵器を供給したところで、特別軍事作戦の結果を変えることはできないと強調しています。

目的は覇権維持

東郷　西側諸国の指導者たちもかなり明確に、この戦いはロシアと西側の戦いだと位置づけています。どんなに言い繕っても、戦争に参加しているのと変わらないと思います。

パノフ　イギリスのジョンソン元首相は、もし西側諸国がロシアの勝利を許せば、西側の覇権が終焉すると述べています。西側諸国はウクライナでロシアを戦略的に敗北させることで、自分たちの世界支配を維持しようとしているということです。

アメリカや欧州諸国の政界では、ロシアが勝利すれば西側諸国は影響力を失う、あるいはロシアが中国とともに世界秩序をつくり直すといった見方があります。しかし、ロシアも中国もすべての国が平等に扱われるような新たな多極的世界秩序を形成しようとしているだけです。

ジョセップ・ボレルEU外務・安全保障政策上級代表は、２０２４年春に、西側諸国はウクライナのためではなくロシアに対抗するために戦っているとまで述べています。

しかし、キエフの指導者の間では、西側の戦略目標を達成するために、ウクライナの住民が犠牲にされ、ウクライナ軍が「大砲の餌」になっているという認識が生まれつつあります。ゼレンスキー大統領は、西側諸国はウクライナのためではなく自国の利益のために戦っていると公言するようになっています。

２０２４年４月末、アメリカの下院と上院が２０２５年末までにウクライナに６０８億ドルを援助する法案を承認しました。下院では共和党議員が数カ月前から、ウクライナに新たな援助を行うことに反対していました。これはトランプ前大統領がキエフに多額の無償援助を行うことに反対していたからです。彼らはトランプ前大統領の意見にしたがい、アメリカはすでにウクライナに多額の援助を行っており、ウクライナ紛争はヨーロッパほどアメリカには影響を与えないので、ヨーロッパ諸国がより大きな貢献をすべきだと主張していました。

しかし結局、トランプ氏とその仲間の共和党議員たちはこの案を受け入れました。アメリカの援助がなければ、近い将来ウクライナが大敗北を喫することになるのは確実でしたし、ホワイトハウスの事務方が今回の援助はアメリカに有利な条件で提供されると説明したからです。

実際、新たな援助のうちの232億ドルは、アメリカ企業が米軍に必要な武器を製造するために使用されます。ウクライナに提供されるのは米軍の老朽化した武器です。また、113億ドルはアメリカの教官がウクライナ軍を訓練するために使われます。キエフに武器を供与するために使われるのは138億ドルだけで、さらに90億ドルほどが融資という形でウクライナに貸しつけられることになりました。

軍事専門家たちは、この支援では戦いの流れは変わらないと指摘しています。実際、ウクライナ軍の損失は拡大する一方です。

第3章　停戦交渉の舞台裏

イスタンブール協定の中身

東郷　最近ではウクライナからも停戦を模索する声があがるようになっています。これまでウクライナが強く停戦を拒否してきたことを考えると、驚くべき変化です。

しかし、パノフさんも強調しているように、ロシアとウクライナはイスタンブールで停戦交渉を行い、いったん合意に至ったものの、最終的に決裂しています。再び停戦交渉が行われる場合、イスタンブール交渉をどう考えるかが重要になります。

そこで、ここからはイスタンブール合意に対するロシアの見方をうかがっていきたいと思います。

パノフ　ロシアが特別軍事作戦を始めた当日、プーチン大統領が述べたように、作戦の目的はウクライナの非武装化と非ナチ化であり、戦略目標はロシアの安全保障に対する脅威を排除することでした。この目的や目標が達成されるなら、戦闘を継続する理由はありません。

２０２２年3月29日、ロシアとウクライナの代表団はイスタンブールで行われた交渉で和平協定に関する主な条項について合意に達し、代表団のメンバーによって仮署名が行われました。合意の内容は以下の通りです。

ウクライナはＮＡＴＯやその他の軍事同盟に加盟できませんが、ＥＵ加盟は制限されません。また、ウクライナ領内に外国の兵器を配備することは許されず、ウクライナの軍隊は人員8万５０００人、戦車３４２両、ロケット砲５１９門以下に縮小されます。ウクライナのミサイルの射程は40キロ以下に制限されます。

さらに、ロシア語がウクライナの公用語となり、ウクライナ語と対等に扱われます。もっとも、ウクライナ代表団はこの点については仮調印を望みませんでしたが。

加えて、キエフが国内のナチス組織の活動に対してきちんと措置を講じることも約束されました。

ドネツク人民共和国とルガンスク人民共和国の将来については、プーチン大統領とゼレンスキー大統領の個別会談で話し合われることになりました。

この条約の履行は、アメリカやイギリス、中国、フランス、ロシアを含む多くの国によって保証されることになっていました。ウクライナの中立が侵害された場合、これらの国が条約を履行させる責任を果たすわけです。なお、クリミアとセヴァストポリは条約の適用除外にされました。

ジョンソン首相のキエフ訪問

東郷　非常に画期的な内容です。特に、クリミアとセヴァストポリを適用除外にするという点が重要です。これは、これらの地域に関してロシアとウクライナで話し合いを続けることを意味します。私もこの案を最初に見たとき、このような優れた案がウクライナ側から提案されたことに誠に驚きました。もしこれが受け入れられていれば、戦争はすでに終わっていたはずです。

パノフ　協定の案文は、アメリカのウォールストリート・ジャーナルによって報じられました。これは明らかにウクライナ側のリークです。ロシア側は平和条約を公表しておらず、今後も公表する予定はないようです。

もっとも、2023年6月17日にモスクワで行われたアフリカ代表団との会談で、プーチン大統領はイスタンブール協定を「ウクライナの永世中立と安全保障に関する条約」草案と呼び、説明していました。

イスタンブール交渉で残されていたのは、政府最高レベルが平和条約に署名することだけでした。これはまさに戦闘行為の終結を意味しました。

しかし、交渉が妥結した１週間後、イギリスのジョンソン首相が突如キエフを訪れます。ウクライナ代表団のデビッド・アラハミヤ団長がのちに証言したように、ジョンソン首相はウクライナ指導部にイスタンブール協定に署名しないように働きかけ、包括的な支援を約束しつつ、ロシアとの武力闘争を継続するように求めたのです。

ゼレンスキー大統領らはイギリスの要求にしたがいました。そして、大統領の主導のもと、ウクライナ議会はロシアと敵対行為を停止することや和平協定を結ぶことに関するいかなる交渉も禁止する法律を可決し、クリミアなど失われた領土の返還も含め、ウクライナがソ連から独立した１９９１年当時の国境に戻すことを求めたのです。

ロシア抜きの停戦交渉

東郷　この案ではロシアが和平に応じられないのは明白です。せっかく停戦の可能性があったのに非常に残念です。

パノフ　ウクライナ指導部の立場はそれ以来変わっていません。また、ウクライナ軍が甚大な損害を被っているにもかかわらず、アメリカをはじめとする西側諸国はキエフ政権に武器を供給し、莫大な資金と物資を援助し続けています。

キエフの指導部は自分たちの立場を確かなものにするため、国際社会の支持を取りつけようとしています。2024年6月に100カ国以上の代表がスイスに招かれ、ウクライナの和平について話し合う会議が開催されましたが、ロシアの代表は招待されませんでした。キエフはできるだけ多くの国にウクライナの主張に賛成してもらい、それをロシア側に受け入れさせることを狙っているのです。

しかし、いかなる形であれロシアを抜きにウクライナ紛争について議論することは、キエフの主張を宣伝することにしかなりません。彼らがどこまで真剣に和平を求めているのか疑問に感じざるを得ません。

東郷　もう一度イスタンブール合意に戻ることはできないのでしょうか。

パノフ　実は、2024年4月にプーチン大統領はベラルーシのルカシェンコ大統領との会談で、イスタンブール協定に戻ることに賛成しました。のちにラブロフ外相が説明したように、イスタンブール協定の個別の文言というより、現在の状況を考慮した上で、そこに記された考え方が重要だということが示唆されたのです。

ペスコフ大統領報道官によれば、これは2022年3月とは異なる条件が生じたことと関係しています。ペスコフ報道官は「今日２０２４年4月、ロシア連邦の領土には異なった条件、すなわち新たにロシア連邦の一部になる地域が生まれました。これはロシア憲法に書かれています」と述べています。これはドネツク、ルガンスク、ヘルソン、ザポロジエのことを指しています。彼は「ウクライナはイギリスから受けた指令により、文書の締結及びすべての交渉プロセスを中止した」とも言っていました。

ロシアは交渉に反対しているわけではなく、ロシアの参加なしに交渉を行うのは無意味だと言っているだけです。しかし、ウクライナには交渉のための準備が整っていません。ゼレンスキー大統領が発出した法令によってロシアとの交渉を禁止しているのだから、当然です。

中国の和平計画

東郷　西側諸国が停戦に向けて積極的に動こうとしない中、中国が停戦実現のために関係国に対して働きかけを強めています。

パノフ　ウクライナ紛争を交渉によって解決することを、最も積極的に支持しているのは中国です。

２０２３年2月24日、中国外務省はウクライナ危機を解決するための12項目を発表しました。それは次のような内容です。

（1）すべての国の主権を尊重し、国際法と国連憲章を尊重する。

（2）冷戦メンタリティを拒否する。ある国の安全保障を、他の国の安全保障を犠牲にして確保することはできない。また、地域の安全保障は、軍事ブロックの強化やその拡大によって達成することはできない。すべての国が安全保障上の合理的な利益を追求することと正当な懸念を持つことは、真剣に受け止められ、適切に対処されなければならない。共通の、包括的な、協力的で強固な安全保障を追求し、バランスのとれた、効果的で堅固な欧州安全保障システムを形成すべきである。ブロックによる対立は容認されるべきではなく、ユーラシア大陸の平和と安定は共通の努力によって維持されるべきである。

（3）敵対行為を停止し、エスカレーションを回避し、ロシアとウクライナの対話に向けた動きを支持する。

（4）平和協議を推進することが紛争の唯一の意味ある解決策であり、中国はこの点で建設的な役割を果たす用意がある。

（5）人道危機を解決し、人道援助を拡大する。

（6）民間人及び捕虜を保護する（捕虜交換に有利な条件の整備を含む）。

(7) 原子力発電所の安全を確保する。
(8) 核兵器、化学兵器、生物兵器の使用に反対する。
(9) 黒海穀物輸送イニシアティブの枠組みにおける穀物の輸出を支援する。
(10) 現在の問題を解決せず、新たな問題を引き起こす一方的な制裁を停止する。
(11) 産業サプライチェーンの安定を維持し、世界経済を政治的に利用することに反対する。
(12) 紛争後の復興を支援するため、中国は援助を行い、建設的な役割を果たす用意がある。

中国は第5～11項目で紛争の平和的解決に向けた具体的な手順を提案しています。これは十分に現実的で達成可能です。

最も重要な点は、第1項目で紛争当事者が相互に受け入れ可能な合意に達するための原則を提示していることです。これは普遍的なものであり、中国の外交政策の公式文書では一貫してその遵守が強調されています。

中国の計画には、戦後のウクライナの地位や、現在ロシアの支配下にあるウクライナ領土をどうするかなどについては、具体的に記されていません。その一方で、バランスのとれた、効果的で堅固な欧州安全保障システムを形成し、軍事ブロックを拡大しないことが提案されています。これらはまさに、ロシアが特別軍事作戦が始まる前から求めていたものです。

中国案を批判するウクライナ

東郷　なぜ中国は停戦に前向きなのでしょうか。

パノフ　ウクライナ紛争が世界経済に大きなダメージを与えているからです。これはもちろん中国経済にも影響を与えます。このことに言及したのが第10項と第11項です。中国は第12項でウクライナの復興を支援する用意があるとしていますが、これも中国の経済的、政治的利益に沿ったものです。

また、2024年4月に中国の習近平国家主席がドイツのショルツ首相と北京で会談しましたが、中国の和平計画を実行に移す第一歩として、関係国が順守すべき四つの原則を提案しました。

（1）平和と安定の維持について優先的に注意を払い、利己的な利益を求めることを控える。

（2）火に油を注ぐのではなく、事態を沈静化する。

（3）平和を回復するための条件を整え、これ以上対立を激化させない。

（4）世界経済への悪影響を減らし、グローバルな産業サプライチェーンの安定性を損なうことを避ける。

ロシアは中国がウクライナ危機の平和的解決を進めようとしていることを評価しており、中国の12項目のプランについても前向きに受け止めています。しかし、ウクライナは北京のイニシアティブと和平計画を乱暴に批判しました。

その上で、ゼレンスキー大統領は２０２３年９月に国連で紛争解決案を発表しましたが、キエフの従来の立場を繰り返し、１９９１年当時の国境までロシア軍が撤退し、ウクライナに支配権を返還することを求めるだけでした。当然、ロシアはこの提案を完全に拒否しました。

各国から提案される和平案

東郷　最近は中国だけでなく他の国からも停戦に向けた発言が次々と出ています。

パノフ　国際社会ではロシアとウクライナの和平交渉の開始を求める声が高まっています。

２０２４年２月、スイスの放送局ＲＳＩのインタビューで、カトリック教会のトップであるローマ教皇フランシスコはこう語りました。「ウクライナは敗北する可能性があったとしても、ロシアとの戦争を終わらせるための交渉を始める勇気を持ち、平和構築のために交渉のテーブルにつくことを恥じてはならない。」

これに対して、ウクライナ指導部は教皇の提案を無礼な態度で拒否しました。それはまさに非外交的な態度と言ってもいいものでした。

また、ハンガリーのオルバン首相とスロバキアのフィツォ首相も、西側のロシア打倒戦略は失敗しているとして、キエフがロシアとの話し合いに応じることを提唱しました。

2023年6月には、のちにインドネシア大統領に選出されたプラボウォ・スビアント国防相が独自の和平案を提案しました。この計画はロシアとウクライナの双方から否定的な評価を受けましたが、ロシア軍とウクライナ軍を前線から15キロ撤退させ、紛争地域に平和維持軍を派遣し、国際的な管理のもと紛争地域で新たな住民投票を実施するという内容でした。

2023年8月15日、NATO事務総長室のスティアン・イェンセン室長はウクライナ領の一部をロシアに割譲する代わりに、ウクライナをNATOに加盟させるという案を提示しました。この案はウクライナが激しく批判しました。

チェコのヴァーツラフ・クラウス元大統領も2023年7月にチェコの新聞のインタビューで、ロシアは西側に圧力を加えられたため特別軍事作戦を開始せざるを得なくなったと述べ、紛争の当事者にはロシアとウクライナだけでなく、アメリカをはじめキエフを支援する西側諸国も含まれていると語りました。その上で、「これらの国々は紛争を終わらせないためにあまりに多大な投資をしてきたので、撤退できないし、ロシアもまた負けるわけにはいかない」と述べました。

アメリカの著名な政治学者でシカゴ大学教授のジョン・ミアシャイマー氏も同様の立場です。彼は、ロシアは自国の安全保障に対する致命的な脅威によって深刻な挑発を受け、その脅威はＮＡＴＯがウクライナに軍事支援を行ったことでますます強まったと指摘しています。

２０２３年9月、ワシントン・ポストによれば、スロバキアのフィツォ元首相は「戦争は常に西から、平和は東からやってくる」という何世紀にもわたる歴史的パターンに言及し、ウクライナ紛争の責任はウクライナのファシストとナチスにあると指摘しました。また、西側諸国がウクライナに武器を供与することはさらなる流血と無意味な紛争の長期化をもたらすとして反対を表明しました。

フランスのサルコジ元大統領も、ロシアとウクライナの旧国境への復帰は非現実的だとし、妥協案として厳格な国際管理のもとロシアの新領土で住民投票を実施することを提案しました。同様のアイディアは有名なアメリカの実業家であるイーロン・マスク氏も提唱しています。

特別軍事作戦の終了条件

東郷　様々な停戦案が唱えられていますが、ロシアは停戦についてどのように考えていますか。

パノフ　ロシア指導部は、単に敵対行為を停止するだけなら意味がないと考えています。そのような解決策はミンスク協定と何も変わりません。ウクライナがより有利な条件のもとで敵対行為を再開するために、アメリカやヨーロッパの支援を受けながら準備する時間が与えられるだけです。

プーチン大統領は特別軍事作戦終了の条件を何度も説明しています。要約すれば以下の通りです。

ロシアにとって何よりも重要なのは安全保障です。いかなる形であれウクライナが安全保障上の脅威になることは許されません。ウクライナはＮＡＴＯに加盟すべきではないし、憲法に中立国の地位を明記すべきです。もちろん、このことに国際的な保証を与えることは否定しません。さらに、ウクライナ領内に非武装地帯を設け、そこからロシア領土に銃やミサイルで攻撃できないようにすべきです。クリミアだけでなく、ドネツクやルガンスク、ザポロジエ、ヘルソンの各州が、住民投票でロシアの一部になったことも考慮する必要があります。

プーチン大統領は「特別軍事作戦は領土紛争ではない。問題は領土ではない。これは安全保障の問題であり、領土よりもはるかに重要だ」と繰り返し強調しています。

２０２３年5月にロシア外務省もロシアの停戦条件を発表しました。それはウクライナが敵対行為を停止すること、西側諸国がウクライナに武器を供給するのをやめること、ウクライナの中立化、非ブロック化、非核化を確認すること、ロシアの新地域の住民が自決権を行使することによって生まれた新たな領土の現実を承認すること、ウクライナの非武装化と非ナチ化を実現すること、ウクライナでロシア語を話す住民と少数民族の権利を守ること、です。

ＮＡＴＯによる武器の援助、アメリカ及びＮＡＴＯ諸国による資金援助がなければ、ウクライナはすでに敗北を認め、和平交渉に臨まざるを得なくなっていたはずです。キエフ国際社会学研究所が２０２４年2月に実施した世論調査を見ても、紛争の外交的解決のためにモスクワと交渉することに賛成するウクライナ住民の割合は72％にも達しています。２０２２年5月に実施された世論調査ではこの割合は59％でした。

しかし、現時点ではアメリカは紛争を終わらせることに関心がなく、ウクライナの指導者がロシアと交渉することを許していません。したがって、少なくとも今秋のアメリカ大統領選挙が終わるまでは、アメリカの立場が変化することは期待できません。

しかし、多くのアメリカやヨーロッパ、ロシアのアナリストが予測しているように、ウクライナでの戦闘が長引けば、軍事的優位に立つロシア軍が他のウクライナ領土でも大規模な攻勢に出るかもしれません。つまり、キエフ政権にとって和平の条件はますます不利になるということです。もちろん、前線の動向はフォローし続ける必要がありますが、ウクライナ軍が圧倒的な敗北に直面すれば、キエフは立場を変え、ロシアと交渉を始めるかもしれません。

第4章　選民意識とルソフォビア

西側のダブルスタンダード

東郷　アメリカをはじめ西側諸国はロシアの軍事行動を厳しく批判しています。しかし、西側も過去に様々な戦争や紛争を起こしてきました。そのため、西側はダブルスタンダードだと批判されています。

パノフ　アメリカと欧州諸国はＮＡＴＯとＥＵで結束し、ロシアの行動は国際法や国際的な規則に違反しており、軍事力によって現状を破壊することに断固として反対すると宣言しています。しかし、１９９９年にＮＡＴＯ諸国が欧州の主権国家に軍事攻撃を加え、２カ月半にわたって民間施設を空襲し、数千人の市民を殺害したことはよく知られています。空爆と劣化ウラン弾の使用によって広大な地域が放射能で汚染され、住民はいまも環境汚染に苦しめられています。

東郷　コソボ紛争のことですね。

パノフ　そうです。ＮＡＴＯが侵略したことで、セルビア人の先祖代々の領土であるコソボがユーゴスラビアから切り離されることになりました。彼らは国際法のあらゆる規範を無視して独立を宣言しましたが、多くのヨーロッパ諸国とアメリカが国家として承認しました。

　最近の例をあげると、２０１１年に英仏空軍が分離主義勢力を支援するためにリビア政府軍を攻撃しました。その結果、リビアの合法政府は転覆され、指導者のカダフィは残酷な方法で殺害されました。

　２０１４年には、西側がシリアのアサド政権を打倒するために空爆を行いました。これはシリア領内にイスラムのカリフ制テロ国家を樹立しようとするイスラム国（ＩＳＩＳ）を助けることにつながりました。

　現在、ＮＡＴＯはウクライナに武器や情報を提供しています。また、教官や顧問を派遣し、ウクライナ兵を訓練することで、ウクライナ紛争に実際に参加しています。欧州諸国がウクライナに武器を供与したり、多大な経済的・イデオロギー的支援を行い、厳しい反ロシア制裁を発動しているのは、国際法を遵守するという原則的立場に立っているからではありません。これはヨーロッパの間で何世紀にもわたって培われてきた反ロシアの理論に基づく行動なのです。

そのため、現在のロシアと集団的西側の対立を理解するには、ロシア人とヨーロッパ人の宗教的・イデオロギー的相違を歴史的根源にまでさかのぼって理解することが不可欠です。

正教とカトリック

東郷　興味深い指摘です。具体的に教えてください。

パノフ　カトリックを採用したヨーロッパ諸国は、10世紀にロシアが正教を採用した当初から、ロシア人に正教が根づくのを阻止し、ロシア領にカトリックを植えつけようとしました。しかし、こうした企ては失敗に終わりました。タタール・モンゴルが支配した時代も、ロシアの人々は正教の信仰を持ち続けました。東方の征服者たちはヨーロッパのカトリック教国と異なり、正教を禁止せず、支配下にあった民族に対しても寛容さを持っていたからです。

東郷　日本にも、たとえば歴史学者の故・岡田英弘氏やその夫人の宮脇淳子氏のように、モンゴルの統治を肯定的に捉えている人たちがいます。パノフさんの見方と重なるところがあると思います。

パノフ　しかし西側諸国は、ロシアは２５０年以上タタール・モンゴルに支配されていたから、ロシア文明は後進的なのだと主張し始めました。この見方は何世紀にもわたってヨーロッパで受け継がれ、現在も生きています。政治であれ経済であれ社会であれ、西側がロシアを評価する際にはこの見方が大きな影響を与えています。

西欧を代表する思想家たちもこの見方に賛同していました。たとえば、カール・マルクスは、モスクワ国家はモンゴルの奴隷制度という恐ろしく下劣な教育を受け、成長してきたと考えていました。

東郷　日本ではキリスト教は馴染みが薄いのですが、正教とカトリックはどういう違いがあるのでしょうか。

パノフ　ロシア人とヨーロッパ人の世界観の違いにつながっています。これは過去も現在も本質的に重要な意味を持っています。

カトリックの教えによれば、人間の運命はあらかじめ決められており、最も否定的なものも含め、どんな行動も神の意思によって「上から定められた」ものとされ、正当化されます。他方、正教では、人は地上生活で行う善行によって救われると考えられています。

また、カトリックの特徴がスコラ主義や合理主義だとすれば、ロシア正教の特徴は理想への奉仕と真理の探究です。これはロシア人の考え方や文学、芸術に深い根拠を与えています。

他国に対する優越意識

東郷　宗教の違いは政治や社会にはどういう影響を与えていますか。

パノフ　ロシア人と欧米人の考え方の根本的な違いを一つあげれば、欧米人が幼少期から他国に対する優越意識を持って育てられていることです。この教育の結果は、今日のアメリカやヨーロッパの政治家の政策に見出すことができます。

ＥＵの指導者の一人であるボレル氏は、「西側諸国はこの世の楽園であり、他のすべての国は野生のジャングルの中にある」といったことを述べています。アメリカとヨーロッパ諸国だけが民主主義の見本であり、それ以外の国は権威主義的あるいは独裁的な支配が行われているか、民主主義の原則にしたがって生きる方法を知らないかのどちらかであるという見方が深く根づいていることがわかります。

19世紀のロシアの傑出した思想家たちは、ロシアとヨーロッパの違い、ヨーロッパ人のロシア人に対する態度を完璧に理解していました。日本でも極めて人気の高い作家フョードル・ドストエフスキーは、ヨーロッパ人のロシア人に対する見方は近視眼的で、限定的であり、憎悪が込められていると指摘しました。彼は、ヨーロッパはロシアの気高さや無欲さを信じていないと考えていたのです。

また、傑出した詩人であり外交官であったフョードル・チュッチェフは、13世紀以来、西欧とロシアの闘争が絶えなかったのは、ヨーロッパが彼らの雛形にしたがって正確につくられていない社会は存在するに値しないと確信していたからだと考えていました。

もちろん、ロシアとヨーロッパには共通点もたくさんあります。隣国として何世紀にもわたって隣り合って暮らし、交流し、交易し、戦い、対立し、深刻な問題で合意に達したり、文化的成果を交換してきた歴史もあります。

とはいえ、世界観や考え方、枢要な価値観、さらには行動の原則において、ロシア人がヨーロッパ人と大きく異なっていることは否定しようがありません。ロシアはヨーロッパではなく、独自のユーラシア国家です。西側諸国が何世紀にもわたって多大な努力を重ねてきたにもかかわらず、ロシア人から正教の信仰を根絶することはできませんでしたし、ロシアを征服したり解体したり、ロシアを根本的に弱体化させることもできませんでした。

しかし、彼らはそのための試みをいまも続けています。それは、現在進行中の西側諸国による対ロシア戦争を見れば明らかでしょう。

第5章　岸田政権とは何だったのか

アメリカの「番犬」

東郷　ここからしばらく日本をテーマに議論していきたいと思います。ウクライナ戦争が始まって以来、日本は西側諸国との関係を強めつつ、ロシアを批判してきました。パノフさんは日本の対応をどう受け止めていますか。

パノフ　日本はロシアの行動を一貫して非難し、反ロシアを掲げるアメリカや欧州諸国と連帯しつつ、これらの国々による対ロシア制裁戦略に積極的に参加しています。しかし、このような政策は日本にとってどのような利点があるのでしょうか。また、そのデメリットは何でしょうか。

ロシアが特別軍事作戦を始めた直後の２０２２年2月27日、日本の首相官邸で特別軍事作戦にどう対応するかが議論されました。日本では、ロシアに制裁を発動すれば、ロシアとの平和条約交渉が停止し、反日という観点からロシアと中国及び北朝鮮の関係が強化される可能性があることが懸念されていました。

しかし、岸田首相は日本が西側の一員であることはG7に加盟していることからも明らかであり、日本がG7と連帯する立場をとらなければ、G7に違反し、批判を浴びることになると考えていました。また、ウクライナ情勢は日本の安全保障に対する潜在的な脅威なので、アメリカ及びヨーロッパ諸国の反ロシア戦略に積極的かつ具体的に連帯する必要があるとされたのです。かつて安倍首相は領土問題を解決するためにロシアとの関係改善を模索していましたが、岸田首相はこれを完全に放棄し、アジア唯一のG7メンバーとして西側諸国と連帯することに全力を尽くすことにしたということです。

東郷　開戦直後に官邸でどういう議論が行われていたのかはわかりませんが、その後の日本政府の行動を見ると、まさにパノフさんの指摘通りに動いています。

パノフ　日本が2023年のG7議長国だったことも関係していると思います。日本はここで、ロシアとの正常な関係を犠牲にし、西側諸国の戦略に参加することがいかに重要であるかを示そうとしました。これは、日本が西側クラブにおいてより重要で名誉ある地位を獲得するためであり、またアメリカとの同盟関係においてより対等な地位を確立し、日本の国際的地位を高めるというかねてからの目標を達成するためだと考えられます。

長期的には、日本のエリートたちは、日本の役割はアジア太平洋地域において欧米連帯の「道標」になることだと考えており、そのためにアメリカから権限を得て一種の「番犬」になることを目指しています。実際、バイデン大統領は２０２３年1月13日に行われた日米首脳会談で、「世界における日本のリーダーシップ」を支持し、日本が防衛力を強化することはインド太平洋地域の安全保障を強化することにつながるとの認識を示しています。

台湾有事を煽動

東郷　日本ではウクライナ戦争は台湾有事と結びつけて議論される傾向があります。

パノフ　岸田首相は２０２２年6月29日にマドリードで開催されたＮＡＴＯ首脳会合に日本の首相として初めて参加しましたが、欧州とインド太平洋地域における安全保障問題を結びつけて考えていました。「ウクライナは明日の東アジアかもしれない」。岸田首相はそう述べ、以後、同様の発言を繰り返すようになりました。

岸田首相は中国が台湾問題を解決するために軍事力を行使する可能性があることを考慮し、現在の世界秩序、つまりアメリカが支配的な役割を担う国際関係を力によって変更することに反対しました。そして、ウクライナをめぐって西側諸国と連帯を示す代わりに、中国の侵略に直面した際に国際社会が支援してくれることに期待を示してきたのです。

東郷　日本が台湾の安全保障に関心を持ったのは、岸田政権が初めてではありません。かなり前から日本の保守政治家の間で議論になっていました。

パノフ　そうですね。早くも１９６９年に、佐藤栄作首相とニクソン大統領の共同コミュニケで、「台湾地域における平和と安全の維持も、日本の安全にとって極めて重要な要素である」と指摘されています。

しかし、「日台連携」とは何を意味するでしょうか。中国が台湾を武力で奪おうとした場合、アメリカは台湾防衛の義務を果たさなければならないため、米中軍事衝突が起こり、その結果、日本領土内の米軍基地が攻撃され、日本国民にとって相応の悲劇が生じるかもしれないということです。

日本では中国が台湾併合にとどまらず、尖閣諸島や沖縄奪取まで狙っているのではないかと懸念されています。中国側が「台湾の問題はウクライナの出来事とは何の関係もない」と繰り返し述べているにもかかわらず、日本はウクライナと台湾、それ以遠を結びつけ、意図的に煽っています。

中国、台湾、アメリカの間で武力衝突が起こる可能性が非常に高いという予測を受けて、日本は中国がアメリカと軍事衝突を起こし、沖縄にある米軍基地を攻撃することは避けられないと結論づけています。そうなれば、日本は自動的に戦争に巻き込まれ、日本の存亡に関わる破滅的結果を招く恐れがあります。

日中平和友好条約を破棄するのか

東郷　台湾有事が起これば日本にとって多大な影響があります。そのため、何よりも重要なのは、そのような事態にならないように外交の力を総動員することです。しかし、日本では外交によって台湾有事を回避するという議論はあまり目立ちません。

パノフ　私は台湾有事に関しては次のような疑問を持っています。

日本はすでに台湾を政治的に支援しており、アメリカとも連帯しています。それでは、もし台湾周辺で武力衝突が発生した場合、日本はどういう行動をとるでしょうか。在日米軍が戦争することに同意するでしょうか。あるいは、自衛隊の艦船を台湾海峡に派遣することは可能でしょうか。それが可能だとしたら、日本は中国がどのような対応に出ると考えているのでしょうか。言うまでもなく、日本の艦船に対する攻撃を含め、非常に厳しい状況が生まれることは明らかです。

また、日本政府は台湾政府高官と高度な政治レベルで交流することを奨励しています。中国は当然、不満を示しています。これは日中関係を複雑なものにし、台湾問題をめぐる情勢を悪化させる一因になっています。

もし日本が現在のように台湾にアプローチすることが中国の自制につながると考えているなら、明らかな思い違いです。中国は台湾統一を追求しており、今後も模索し続けるでしょう。これは中国の国家目標です。

しかし、それを達成するために武力を行使することは望ましくありません。中国もそのことはわかっています。彼らは武力行使に訴えるのではなく、「熟した柿が落ちる」ように台湾が中国と一体になることを目指しています。

事態がエスカレートするとすれば、台湾が独立を宣言したときだけです。ただ、その場合でも中国が台湾に武力侵攻するかどうかはわかりません。

日本は中国と平和友好条約を結んでいます。武力衝突の際に台湾を公然と支持したり、台湾の独立を認めれば、中国は「日本は条約に違反している」と糾弾し、条約を破棄することも考えられます。これにともない、中国が日本に対して様々な制裁を科す可能性もあります。

ニクソン・ショックの再来

東郷　繰り返しになりますが、私は外交によって台湾有事を回避することが何よりも重要だと思っています。しかし、日本は安倍政権時代に切れ目のない安全保障体制を整えたことから、たとえば米軍艦船への攻撃が発生し、それが日本自身の存在を脅かされるほど差し迫っている場合には、日本も戦うという議論が行われています。

パノフ　日米安保条約によれば、日本は武力攻撃に対して領土を防衛する場合を除き、米軍の軍事作戦に参加する義務を負いません。例外は、いわゆる集団的自衛権の規定です。しかし、たとえば海上自衛隊が米海軍とともに武力紛争地域から国民を避難させるのは当然のことです。

他方、台湾海峡で中台間の武力衝突が起きただけでは、アメリカや日本の安全を脅かすことになりません。したがって、日本はそのような軍事衝突に関与する義務はありません。

そもそも、「ウクライナ・シナリオ」に基づいてアジアにおける武力衝突の可能性を考えることは戦略的に誤りです。それは、日本がロシアや中国といった近隣諸国との平和や善隣友好関係を基礎とし、日本周辺に安全保障ベルトを構築することを本質的に拒否していることを意味します。

日本政府はアメリカとの同盟関係を包括的に強化し、NATOとの政治的・軍事的関係を発展させるという方針をとっています。その一方で、日本の政界や言論界には、もしワシントンが北京と合意を結ぶことを優先すれば、台湾への支持を撤回し、尖閣諸島を守るという立場を変えるなど、中国政策を根本的に変えてしまうのではないかという懸念もあります。かつてニクソン大統領が日本に報告することなく、中国との関係正常化に踏み切ったことを覚えているのです。

その意味で、日本政府が定期的にアメリカに尖閣を守るという約束を確認するように求めているのは偶然ではありません。アメリカはこの約束を再確認しています。しかし、アメリカは日中の領土問題に関与せず、この紛争が交渉によって平和的に解決されることを望んでいるという注目すべき留保をつけています。実際、アメリカは尖閣諸島が日本のものであるという明確な認識は示していません。

２０２１年にアメリカはアフガニスタンから大変な混乱をともないながら逃げ出しました。アメリカは20年もの間、カブールの親米政権に対して軍事的、政治的、財政的援助を行ってきましたが、それを継続するための資源や政治的関心がなくなると、同盟国を簡単に犠牲にし、見放しました。これがアメリカの同盟国への対応なのです。

近隣諸国と友好関係を築くべき

東郷　パノフさんが指摘された通り、日本は最近ＮＡＴＯとも関係を強めています。これについてはどう評価していますか。

パノフ　ＮＡＴＯとの関係を強固にすることが日本の目的にかなっており、有益であるかどうかについて大きな疑問があります。ＮＡＴＯは地域組織ですし、ウクライナでの出来事によってＮＡＴＯの能力と資源がキエフを支援する上で非常に限定的であることが明らかになりました。また、ＮＡＴＯはアジアの安全保障問題に関与するための軍事力と能力を十分に持ち合わせていません。例外は、一部の同盟国の艦船が時折太平洋にあらわれるか、軍人の共同訓練が行われることくらいです。

ＮＡＴＯ指導部が日本との協力を含めインド太平洋地域で役割を果たす姿勢を見せたことに対して、中国は否定的な反応を示しています。これも日中関係を複雑にする要因になっています。

もっとも、岸田首相もアメリカやＮＡＴＯに必ずしも頼ることができないことはわかっていたようです。だからこそ、防衛費の本格的な増額を決定したのでしょう。しかし、軍事費を倍増したくらいでは十分な軍事力をつけることはできません。また、自衛隊のニーズを満たすには本格的な軍産複合体を創設する必要がありますが、それを実現する上でも決して十分とは言えません。

いま日本が最も熱心に取り組んでいるのは、アメリカによる中国封じ込め政策を支援することです。これには中国が東南アジアや太平洋の小国に対して影響力を強めることを防ぐという狙いもあります。

しかし、日本が何よりも追求すべきは、近隣諸国と長期的な友好関係を築くことです。

１９９０年代後半、橋本龍太郎首相は日米中ロの４カ国が公平な協力関係を築き、それによって日本の安全保障を確実にし、国内を発展させていくという構想を打ち出しました。この構想は多くの著名な日本の外交官たちによって支えられていました。

しかし、21世紀に入って状況は一変しました。その原因は、中国が台頭したこと、そして日本が中国を重大な競争相手、もっと言えば対抗相手と見なすようになったことです。

安倍首相はロシアとの領土問題を解決するだけでなく、ロシアと中国が反日連合を結成するのを阻止することも念頭に、ロシアと日本の関係改善を進めていました。しかし、この構想も実現には至りませんでした。

とはいえ、日本周辺に信頼できる安全保障ベルトを形成することは、依然として日本にとって急務の課題です。これを実現できるかどうかは、日本のみならず、この地域全体の未来に大きな影響を与えます。日本は現在生まれつつあるグローバルな国際関係において、有意義で安定した地位を確立し、地域及び世界に対して影響力のある役割を果たしていくためにはどうすればよいか、真剣に考えるべきです。

ウクライナ支援の中身

東郷　ウクライナ戦争が始まって以来、日本は一貫してウクライナ支援を続けてきましたが、日本のウクライナ政策の中身はどう評価していますか。

パノフ　ロシアの特別軍事作戦が始まる前、ウクライナは日本にとって重要な貿易・経済パートナーではありませんでした。政治的な結びつきや接触もそれほどあるわけではなく、重要な合意もありませんでした。

２０２１年のデータを見ると、日本とウクライナの貿易額は約12億ドル、ウクライナは日本の貿易相手国の中で60位です。ウクライナに進出している日本企業は57社で、その半数は製造業に従事しており、残りは卸売業でした。

しかしこの2年間、日本はウクライナに殺傷能力のない装備や人道物資を提供し、世界銀行がキエフに融資する際には信用保証をしています。様々なデータがありますが、日本の支援額はおおよそ70~１２０億ドルです。Ｇ７の支援額を見ると、１位はアメリカの１１１０億ドルですが、日本も４位となっています。

ウクライナはヨーロッパで最も貧しい国の一つであり、７００万人以上が貧困ライン以下で暮らしています。社会の著しい階級化は深刻な問題となっています。その一方で、アメリカやヨーロッパの専門家を含め、一般に受け入れられているデータによれば、ウクライナは世界で最も腐敗した国の一つです。

そのため、アメリカ議会では絶えず、キエフに対して行った資金援助や軍事援助の使途を監視する必要があると提起されています。ウクライナ軍がアメリカや欧州諸国から受けとった武器を第三国やテロ組織に転売しているという報告も出されており、広く反響を呼んでいます。軍事援助だけでなく経済援助も同様です。ウクライナのために使われず、様々な汚職につながっているという見方が広まっています。

こうしたことを踏まえれば、2024年2月に東京でウクライナの経済発展と復興に関する会議が開催されたことは驚きと言わざるを得ません。ウクライナでは依然として軍事作戦が続いており、それがどのように終わるかも不透明です。また、キエフ政権は腐敗しており、日本の政財界でもウクライナで経済活動を行うことは非常にリスクが高いと認識されています。時宜を得た、効果的な会議とは到底思えません。

誰もウクライナ経済の奇跡を信じていない

東郷　日本は口ではウクライナ支援を熱心に訴えていますが、どこまでウクライナに肩入れしているか疑問もあります。日本の専門家の中には、日本はリアリズム外交に舵を切ったと評価している人もいます。

たとえば、岸田首相は２０２３年９月の国連総会で、民主主義という価値観に一度も触れず、逆にイデオロギーや価値観による世界の分断を厳しく批判しました。また、２０２４年４月に行われた日米首脳会談の共同声明でも、「価値観」や「民主主義」という言葉を使いませんでした。

実際、日本の支援内容を詳細に見れば、アメリカやヨーロッパほど熱心に支援しているとは言えません。

パノフ　確かに岸田首相は復興会議でウクライナへの援助は未来への投資だと主張しましたが、どのような「未来」への投資なのかは明言を避けました。

会議に参加したウクライナのデニス・シュミハリ首相は、日本の企業に対してエネルギーや農業、肥料生産、インフラ整備、破壊された都市の復興、自動車生産、有益な鉱物の採掘に投資するように求めました。そして、このような投資は戦後の日本で起こった奇跡と同様、ウクライナの奇跡につながると指摘しました。

しかし、ウクライナの実情を知っている人の中で、ウクライナ経済の奇跡を信じる人はほとんどいません。日本もウクライナに総額１億６００万ドルの無償資金協力を約束しただけです。また、この会議では様々な分野で56の協定や覚書が調印されましたが、これらは日本に具体的な履行義務を課すものではありませんでした。

日本の姿勢は理解できます。まず、経済援助が行われたとしても、その有効性には大いに疑問があり、投資に対する見返りが保証されているわけでもありません。また、世界銀行のデータによれば、今後10年間、ウクライナは経済発展どころか国家存続のために4860億ドルを必要としています。そもそも、現在の世界の関心はウクライナではなくパレスチナに集中しています。イスラエルの軍事行動が人道的大惨事を引き起こし、3万5000人以上の市民が死亡しました。

こうした中で復興会議を開催したのは、日本がウクライナを支援していることを象徴的に見せるという、主に宣伝的な意味合いからでした。日・ウクライナ共同コミュニケでは、ロシアの軍事活動を抑制する上で対ロ制裁を行うことが決定的に重要かつ効果的な手段だということが改めて確認され、会議の総括としています。

東郷　日本は人道支援も行っていますが、それもごくわずかです。

パノフ　朝日新聞（2024年2月19日）によると、ロシアが特別軍事作戦を開始して以来、2098人のウクライナ「難民」が日本に到着しました。日本財団が生活費として年間100万円を支給していますが、彼らのほとんどは仕事をしていません。

わずか2年の間に、ウクライナに住む4200万人の住民のうち630万人以上がウクライナを離れました。出国先として一番多かったのはロシアへの１２１万人で、以下ドイツへの１１３万人、ポーランドへの95万人、チェコへの38万人、イギリスへの25万人という順になっています。

東郷　出国先として一番多く選択されたのがロシアだったというのは、日本ではあまり知られていないことだと思います。この戦争の複雑な背景を考えさせられます。

第6章　安倍政権のロシア外交を振り返る

経済協力プランの打ち切り

東郷　たとえ日本のウクライナ支援が実態をともなっていないとしても、ロシアは日本に対して不愉快な思いを抱いているはずです。実際、その後日ロ関係は非常に悪化してしまいました。

パノフ　岸田首相はロシアが特別軍事作戦を開始した直後、日本は独自の方法でウクライナに支援を提供すると述べました。つまり、紛争国に殺傷能力のある兵器システムの供給を禁止した防衛装備移転三原則を遵守するということです。

その代わり、日本はロシアに対して大規模な制裁措置を発動し、ウクライナへの財政支援や人道支援を行い、さらに殺傷能力のない装備を送りました。制裁の中身を具体的に言えば、まずプーチン大統領とその娘たち、そして側近たちに制裁を科しました。また、ラブロフ外相とその妻、娘、ショイグ国防相やゲラシモフ参謀総長にも制裁を科しました。さらに下院のほぼすべての議員に制裁をかけました。

東郷　プーチン大統領やラブロフ外務大臣だけでなく、その家族にまで制裁を科していることは、日本ではそれほど知られていないと思います。私も初めて知ったとき、仰天しました。

パノフ　ロシアの銀行や様々な企業にも制裁を科し、多くの商品や機器をロシアに輸出することを禁止しました。安倍首相は８分野においてロシアと日本の経済協力を進めていましたが、これも打ち切られました。

政治的交流や貿易関係、経済協力に加え、学者や専門家の交流も事実上停止され、人的交流や文化的なつながりは最小限に制限されました。

２０２３年末にも制裁が追加されました。欧米の制裁を回避するためにロシアの企業に手を貸しているという口実で、アルメニアやシリア、ウズベキスタン、アラブ首長国連邦、ベラルーシの企業が日本とのビジネスに制限をかけられました。

こうしてわずか2年の間に日本は１０００を超える制裁を科したのです。

２０２２年3月7日、ロシア政府は日本がロシアの指導者や政治家、実業家、企業や組織に広範な制裁を科したことを踏まえ、日本をロシアにとって非友好的な国のリストに含めると発表しました。非友好国にはアメリカや欧州諸国、韓国、オーストラリアも含まれています。

これに対して、松野博一官房長官が記者会見で遺憾の意を表明し、日本はこの決定について、ロシアに抗議すると述べました。しかし、日本はロシアに厳しい制裁を科しているのに、いったいロシアからどのような反応があると思っていたのか理解できません。

平和条約交渉の中断

東郷　日ロ関係が悪化したことで、かつて私たちが進めていた平和条約交渉も停滞してしまいました。

パノフ　2022年3月21日、ロシア外務省は日本側のせいで両国関係が極めて悪化したとして、ロシアは平和条約交渉を継続する意思はないとの声明を発表しました。日本国民が南クリル諸島にビザなしで訪問することを可能にした協定を停止することも通告しました。また、ロシアは岸田首相を含む63人の日本人を入国禁止にしました。その後、この制裁措置は「北方領土」返還を要求している団体「千島連盟」及び「北方同盟」にも適用されました。

岸田首相はロシアが平和条約交渉の打ち切りを表明したことは断じて受け入れられないと抗議しました。その際、日本がロシアに制裁を科したのはロシアのウクライナ侵攻が原因であり、それを領土交渉に波及させるのは適切ではないと述べました。

これはロシアから見ればとても奇妙な話です。日本は「今日のウクライナは、明日の東アジア」として二つの地域にはつながりがあると考え、ロシアに制裁を科しました。その結果、両国関係が急激に悪化したにもかかわらず、平和条約交渉を継続することは可能だと考えているわけです。

しかし、平和条約という名称からもわかるように、この条約は敵意ではなく善隣友好関係を構築しようとする国家の間で結ばれるものです。現在のロシアと日本にそうした関係がまったく存在していないことは明らかです。ロシア側の主な交渉相手である大統領と外相に制裁を科しておきながら、日本はどうやって交渉を行うつもりなのでしょうか。もし条約が成立すれば、それを批准するのはロシアの議員たちです。制裁を科されている彼らはどう対応するでしょうか。彼らが条約を支持すると思っているのでしょうか。

日本の反ロシア政策を考えれば、ロシアの世論が日本との平和条約交渉を支持しないのは明らかです。平和条約の締結、とりわけ領土問題の解決は、両国間に友好的で強固な信頼関係があり、相手に対する敵対的な意図や行動が長期にわたって存在しない場合にのみ可能であることを認識しなければなりません。

しかし、日本は領土問題に対する立場をどんどん硬化させています。日本外務省の声明では、千島列島南部は「日本固有の領土」であり、「ロシアに不法占拠されている」とされています。安倍政権時代はこのような表現を避けていましたが、それを再び使うようになったのです。日本はロシアに対して敵対的な政策を行い、領土問題の解決を含む平和条約締結についてロシアと協議する可能性を長期にわたって破壊したと結論づけられるかもしれません。

この点で、岸田首相が２０２４年2月７日の「北方領土の日」の集いで、日ロ関係は困難な状況にあるが、領土問題を解決し、平和条約を締結するという方針を堅持すると述べたことは理解しがたいと言わざるを得ません。

岸田首相が安倍元首相と議論したとき、安倍氏は自らの対ロシア政策について、これは領土問題を解決して平和条約を締結する可能性を開くものであり、この政策は戦後の日本外交の集大成だったと語ったそうです。私はこの評価に同意します。しかし、今日の日本とロシアの関係は、１９５６年に国交が回復して以来、最低の状態にまで後退してしまいました。

エネルギー分野は例外

東郷　平和条約交渉を含め日ロ関係改善に取り組んできたパノフさんが厳しく批判するのは当然です。私も同じ気持ちです。

ただ、日本はロシアに厳しい制裁を科していますが、エネルギー分野だけは例外扱いになっていますね。

パノフ　２０２３年３月27日に岸田首相が発表したところによると、日本は２０２２年にロシアからの石炭輸入を60％、石油輸入を90％削減し、ロシアのエネルギーを購入しないことを目標としました。ただし、ロシアとの共同プロジェクト「サハリン２」と「アークティックＬＮＧ２」は例外とされました。これらはロシアから液化天然ガスを輸入するためのものです。日本は自前のエネルギー資源を持たないので、ロシアのガスの購入を拒むことはできないというのがその理由でした。

日本企業はアークティックＬＮＧの初期投資に10％出資し、17億ドル投資しています。締結された契約では、日本は年間２００万トンのＬＮＧを受けとることになっています。

ところが２０２３年末、日本はアメリカからアークティックＬＮＧプロジェクトへの参加を打ち切るように大変な圧力を受けました。

しかし、アメリカは自国の政治目標を達成するために日本の経済的利益に打撃を与える一方、アメリカ企業の利益のためにロシア製品を大量に購入し続けています。税関の統計によると、2023年にアメリカはロシアから10億ドル相当のパラジウム、12億ドル相当の濃縮ウラン、14億ドル相当の鉱物質肥料を輸入しています。

また、アメリカはウクライナを軍事支援していますが、自分たちの軍産複合体に利益が回るようにしています。ヌーランド国務副長官は、バイデン政権のウクライナ支援600億ドルのうち、その50％以上がアメリカの兵器メーカーへの資金調達に使われることを認めています。

しかし見落としてはならないのは、日本がアメリカやEUと同様の対ロ制裁を行うだけでなく、独自の制裁を開始したことです。2023年1月、日本はロシアへの医療ワクチンと医療機器の輸出を禁止しました。しかし、これらが軍事行動と無関係な人道的なものであることは明らかです。

また、日本はG7の方針に全面的に賛同するだけでなく、他の国々にも反ロシア的な行動を支持するように働きかけています。特に中国やインドなどグローバルサウスの国々に対して、ロシアを非難し、反ロ制裁に加わるように呼びかけています。

漁業協定の停止

東郷　外交は相互主義です。日本がロシアに制裁を科すなら、ロシアも日本に対して制裁を科すことになります。しかし、ロシアは最初は慎重な対応をしていました。たとえば、２０２２年３月21日にロシア外務省は日本の対ロ制裁への対抗措置を発表しましたが、その中には漁業関連協定や、人道的見地から続けられてきた墓参は入っていませんでした。残念ながら、その後これらの協定も停止されました。

パノフ　日本に対する報復措置としては、日本の漁船が南クリル諸島周辺海域で安全に操業できるように締結された、海洋生物資源の漁獲分野に関する協力協定を停止したことがあげられます。これは世界的にも前例がないもので、非常に困難な作業の中で結ばれました。この協定では、日本は南クリル諸島周辺海域をロシア領と認めていませんが、ロシアは日本の漁民が自国の領海で漁業をすることを認めるという建てつけになっています。１９９８年５月21日に発効されましたが、日本が小型漁船による漁業に大変関心を持っていたことに加え、北海道とサハリンの住民の友好関係を促進することを目的としていました。

しかし、ロシアは日本の非友好的な姿勢を踏まえ、現在のような状況ではこの協定は意味を失っていると判断するのが合理的だという結論に達し、協定を停止しました。その結果、日本の漁民は大きな収入につながる漁業をやめざるを得なくなりました。

東郷　この協定は漁業協定の中でも最も締結が難しかったものであり、それゆえ日ロ友好の象徴となってきました。それが停止されたということは、ロシアの対抗措置が一段と厳しいものになったということです。

アメリカにミサイルを供与

東郷　パノフさんが指摘されたように、日本は軍事支援に関しては憲法上の制約があり、殺傷能力のない装備しかウクライナに提供していません。この点はロシアではどのように評価されていますか。

パノフ　確かに日本は防衛装備移転三原則を理由に、ウクライナに対して敵対行為に使用される可能性のある武器を供与していません。その代わり、防護ヘルメットや防護服、地雷除去装置、トラック、発電機など、殺傷性のない装備を提供しています。

しかし、岸田政権は２０２３年12月22日にこの三原則を修正し、地対空ミサイル・パトリオットをアメリカに輸出できるようにしました。このミサイルはあくまで同盟国に渡されるので、直接的に三原則に違反しているわけではありません。しかし、アメリカはウクライナにミサイルを譲渡したことで、ミサイル不足に直面しています。その穴埋めとして日本のミサイルが米軍に渡されることは明らかです。そのため間接的とはいえ、日本はウクライナの軍事行動に貢献しているのです。

また、日本政府はロシアが特別軍事作戦を行ったことで、ウクライナの主権、ひいては国際法を破ったと主張していますが、そこに正当性はあるでしょうか。２００３年３月からアメリカは正当な理由もなく、国連安全保障理事会の承認も得ないままにイラクに侵攻しました。日本はそれに反対せず、アメリカの行動を「理解」するだけにとどまらず「支持」を表明したことを思い出すべきです。アメリカはイラクの正統な政府を転覆させ、占領しました。その結果、10万人以上の市民が死亡しましたが、やはり日本は非難しませんでしたね。

アメリカは化学兵器の開発を止めるという口実でイラクを侵略しましたが、化学兵器は発見されませんでした。イラクの主権は侵害され、インフラは破壊され、国内は不安定化しました。イラクは今日に至るまでこの侵略から立ち直ることができていません。さらに、アメリカが侵攻した結果、最強のテロ集団ＩＳＩＳが出現し、テロ国家創設に向けて動き始めました。

ＮＡＴＯもリビアの主権を侵害して内政に干渉し、カダフィを暗殺した結果、リビア国内は今日まで内戦が続いています。しかし、日本は一連の軍事作戦に抗議していません。

二つの目標

東郷　安倍首相は日本とロシアの強固な関係を築こうとしていました。しかし、それは岸田政権になって大きく崩れてしまいました。

パノフ　岸田内閣のロシアに対する行動は、安倍路線と根本的に矛盾しています。安倍首相の外交政策で最も重視されたのは、東京とモスクワの間にこれまでとは質の異なる関係を築くことです。このことが戦略的課題とされていました。安倍氏は首相就任当初からこの課題を掲げ、その実現に向けて時間も労力も惜しまず粘り強く取り組んでいました。

安倍首相は日本にとって非常に重要な二つの目標を追求していました。これらの目標は外見上は異なっていますが、有機的に結びついています。

第一に、軍事や政治の分野において、反日を基礎としたロシアと中国の接近や協力を可能な限り阻止することです。ロシアと中国の関係では、ロシアは必然的に「弟」の役割を果たすことになります。しかし、ロシアと日本が政治から文化に至るまで、あらゆる分野で多面的な関係を築くことができれば、ロ中関係を凌駕できる可能性があります。安倍首相は、日本は中国と海洋で国境を接しているので、中国が南東から南西の海への進出を大幅に拡大していることを懸念し、ロシアと関係を改善することが必要だと率直に述べていました。

第二の目標は、より野心的なものであり、その達成はロシアと日本、そして両国と両国民の関係にとって歴史的な意味を持つものです。そして、それは本質において理にかなっています。すなわち、二国間関係を質的に変化させ、根本的に改善することによって、領土問題の解決と平和条約締結に資する環境をつくり出すことです。もしこれが実現すれば、両国の国際的立場は世界において、とりわけアジア太平洋地域において重みを増し、より影響力を拡大することができたはずです。

画期的なソチ会談

東郷　安倍政権のロシア政策について全体的な評価を語っていただいたと思います。安倍首相は日ロ関係を改善するために様々な手を打っていましたが、それぞれの取り組みをどう評価しているか教えてください。

パノフ　安倍首相は対ロシア戦略を実行するにあたって、小さな一歩から始めました。２０１４年２月にソチ五輪が開催されましたが、欧米人は開会式をボイコットしました。しかし、安倍首相はこれを無視し、これ見よがしに開会式に出席しました。その後、Ｇ７

がロシアのクリミア併合を非難しましたが、安倍首相はその非難にほぼ象徴的な形で加わるだけでした。また、シリア政府がテロリスト集団と衝突した際、西側諸国はもともとシリア政府に批判的だったので距離をとっていましたが、ロシアはシリア政府を支援しました。安倍政権はこの問題に関してもロシアの行動を支持しました。

特に重要なのは、２０１６年5月にソチで行われたプーチン大統領と安倍首相の会談です。これは3時間半に及び、特別な意味を持つものでした。

何よりもまず、この会談は両首脳の間に個人的な友好関係を築く道を開きました。実際、両首脳は27回も会談し、9時間の一対一の会談を含め48時間も会談を行っています。両首脳が互いに個人的な好意と信頼を感じていることは明らかでした。

また、西側諸国は一致してロシアの政府高官との接触を制限していましたが、安倍首相はそれにしたがいませんでした。アンタッチャブル・リストにはロシア連邦議会の指導者や個別の大臣、ロシア軍の高官も含まれていましたが、彼らは安倍首相の招待を受けて日本を訪れています。

たとえば、２０１7年11月にサリュコフ地上軍総司令官が、同年12月にもゲラシモフ参謀総長が日本を訪問しています。ロシア安全保障会議のパトルシェフ書記と谷内正太郎国家安全保障局長は、東京とモスクワで何度も会談を行っていました。両国の外相と国防相による「2プラス2」形式の対話も再開されました。

さらに、安倍首相は経済協力を強化するための8項目のプランを提案しました。安倍首相の父、安倍晋太郎元外相も1980年代後半にソ連との関係を改善すべく、二国間関係発展のための8項目の計画を提唱しています。安倍首相が対ロ関係改善を進めるにあたって、父親の墓前で領土問題の解決を誓ったのは偶然ではありません。

安倍首相の経済計画では、エネルギー分野や都市開発、医療、中小企業、先端技術、農業・漁業、極東開発において協力することが唱えられ、文化や科学、人道的交流の大幅な強化、拡大が提案されました。

ソチの会談では平和条約についても意見交換がなされ、この問題について外相とその代理レベルで定期的に協議を行うことで合意に達しました。日本からは原則的な立場として経済協力プロジェクトと平和条約交渉を同時進行することが示されました。

この会談は日本がアメリカと欧州諸国による反ロ制裁戦線から離脱することを意味しました。安倍首相は政治的勇気を示し、西側との連帯よりも日本の国益を優先する選択をしたということです。実際、ソチの合意はロシアと日本の全体的な雰囲気を著しく改善させたと思います。

根本的な意見の相違

東郷　安倍首相が提案した経済協力プロジェクトはどのように進んだのでしょうか。

パノフ　安倍首相の経済協力計画は、当初は熱狂的に受け入れられました。ロシア経済開発省によると、２０２１年までに２００以上の協力プロジェクトが双方から提案され、検討されました。

しかし、そのうち実施段階に至ったのはごくわずかです。協力の目標や形式に関してロシアと日本の企業のアプローチに大きな相違があることが明らかになったからです。ロシア側の多くのプロジェクトは十分に練られておらず、誇張された非現実的な生産目標を設定しており、日本企業の慣行に合わない条件で協力を求めていました。

また、のちに安倍首相がインタビューで語ったように、日本でも経済協力計画の目的は正しく理解されていませんでした。この経済プロジェクトは政府による援助だと思っている人もいました。しかし、日本企業が自主判断で参加するものなので、企業は儲けが出ないなら参加しません。

安倍首相はロシアとの経済協力を進めれば、ロシアが日本との関係を発展させることや、日本の技術を活用して極東を開発することの重要性に気づくだろうと考えていました。しかし、彼の評価では、ロシアがそのような認識に至ることはありませんでした。

もちろん、成功を収めたプロジェクトもあります。ロシア極東地域の社会経済問題に対処するための重要なプロジェクトがまさにそうです。

特に重要だったのはヤマルＬＮＧ、アークティックＬＮＧ２、イルクーツク地方のポリマー工場といったエネルギープロジェクトです。欧米の金融機関がロシア企業への融資を見送った時期に、国際協力銀行がヤマルＬＮＧプロジェクトに２億ユーロの融資を行い、２０１９年に日本へのＬＮＧ出荷が始まりました。また、先ほど述べたように、日本はアークティックＬＮＧ２のプロジェクト運営会社の資産の10％を取得しています。

南クリル諸島で共同経済活動を実現するための試みもなされました。２０１７年９月、海産物の共同増養殖や風力発電の導入、温室野菜栽培、ごみの減容対策、島の特性に応じた観光ツアー開発の５分野を列挙したロードマップが承認されました。

しかし、これは具体的な合意に至りませんでした。障害になったのは、法的問題に関する根本的な意見の相違です。日本はロシアの法律を遵守した上で経済活動をすることは受け入れられませんでした。それは島がロシアに帰属することを認めることを意味したからです。

「4島一括返還」を変更

東郷　安倍首相は平和条約交渉に熱心に取り組んでいましたが、その後これもストップしてしまいましたね。

パノフ　平和条約に関する交渉でも進展はありませんでした。

２０１８年９月、プーチン大統領はウラジオストクで開催された東方経済フォーラムで、安倍首相に年内に前提条件なしに平和条約に署名し、領土問題はのちに解決することを提案しました。

その後、同年11月に安倍首相はシンガポールで、領土問題に関して根本的にアプローチを変更することをプーチン大統領に示しました。安倍首相は「４島一括返還」という従来の原則的立場と異なり、歯舞群島と色丹島を日本に引き渡すことを定めた１９５６年の日ソ共同宣言第９項に基づいて交渉する用意があることを表明したのです。

安倍首相が提案した交渉プランの詳細は明らかにされませんでしたが、非公式情報によれば、平和条約を締結し、一定期間のうちに歯舞群島と色丹島を日本に引き渡し、色丹島と国後島の間を国境にするというものでした。これまでの日本からは考えられないほどの大きな転換です。安倍氏はその理由を次のように説明しました。「外交において１００点を狙って０点になるならば、何の意味もない。私たちは達成可能なことは何であるかを考えなければならない。」

日本が２島返還ではなく４島返還を目指すのであれば、これを１００％実現するのは至難の業です。それではロシアと日本の関係が後退するだけです。

プーチン大統領はロシア国内で強力で安定したリーダーシップを維持していました。他方、安倍首相も日本で安定的な政権を築いていたので、それを活用することで日ロ関係において最も困難な問題を解決できる可能性がありました。安倍首相は「領土問題を解決し、平和条約を締結するためには、強い統治力が必要です。私はプーチン大統領の統治力はとても強いと思います」と述べていました。

安倍首相の新たな提案を受け、２０１９年１月にロシアと日本の外相級協議が行われました。交渉内容については双方とも明らかにしていません。しかし、ロシアの代表たちの一連の発言から推測すると、ロシア代表団はまず前提条件を示したようです。それは、ロシアが日本との戦争によって得た領土をすべて合法的に所有していることを、日本は公式に認めなければならないというものでした。

諸般の状況から判断するに、日本の代表団はそのような前提で交渉を始める気にはなれなかったようです。日本からすればこのやり方では平和条約の合意に至ることは難しく、そもそも日本は「領土問題は解決済み」というロシアの立場を承認しないことを原則にしているので、その立場を失うことを恐れたのです。

もっとも、安倍首相自身はこの問題について楽観的で、「ロシア側が提起した、戦争の結果としてロシアが島を手に入れたという問題は、外交官たちが解決してくれると思っていた」と述べていました。

日米安保条約に対する懸念

東郷　北方領土交渉において大きな問題になったのは、日米安保条約をどう扱うかということでした。安倍首相もこの点は苦労していたようです。

パノフ　ロシアは歯舞群島と色丹島が日本に引き渡されたあと、日米安保条約が適用され、自衛隊とともに米軍がこれらの島々の上に展開される可能性について懸念を持っていました。これに対して、安倍首相はプーチン大統領との会談で、日本はアメリカに従属せず、独立した政策をとることができると述べましたが、ロシアからすると説得力が感じられませんでした。もっとも、安倍首相はアメリカとの会談では安全保障問題について具体的な議論はしていないと述べていました。

全体として、ロシアは平和条約の締結と領土問題の解決のために2段階のアプローチをとりました。日本は公然と反ロ政策を推進するアメリカと同盟関係にあり、日本も多くの反ロ制裁に参加し、国連その他の国際機構でアメリカやＮＡＴＯ諸国とまったく同じ立場をとっているため、両国間の関係に深刻な矛盾が生じています。そこで、まずは平和条約を締結することであらゆる分野で二国間関係の質を向上させ、そこから領土問題の解決につなげていくという方法です。

しかし、諸般の状況から判断するに、日本は平和条約の締結を頑強に主張し続けました。日本が求めていたのは、歯舞群島と色丹島の引き渡し条件を決めることでした。

その結果、交渉は袋小路に入ってしまいました。安倍首相はこれに関して、ロシア国内で平和条約交渉を進めることに反対する勢力が台頭していると指摘していました。

しかし、日本国内でも「安倍方式」による領土問題の解決に反対する動きが活発化していたことを見落としてはならないでしょう。交渉が始まった当初は、政治家や政治学者、ジャーナリストから安倍首相の対ロ政策に対して批判の声があがることはそれほどありませんでした。しかし、コロナの流行によって交渉が中断したあと、次第に批判が強まっていきました。特にロシアが特別軍事作戦を開始したあと、安倍首相の方針に反対する声が圧倒的に優勢になりました。

たとえば、北海道大学スラブ・ユーラシアセンターの岩下明裕所長は、安倍首相はロシアに多くのものを提供したが、見返りは何もなかったと結論づけました。朝日新聞のモスクワ支局長を二度務めた駒木明義氏も、おおむね彼と同意見です。プーチン大統領と安倍首相の平和条約交渉を詳細に分析した著書の中で、安倍首相の対ロ政策を批判し、平和条約交渉はいかなる合意にもつながらず、しかもその内容はかなり長い間、日本国民に説明されてこなかったとの認識を示しています。

安倍首相はこうした批判に対し、２０２１年末のインタビューで次のように語っています。「路線を変更すれば、日ロ関係は１００％後退すると思う。日本は信用できない、また元の主張に戻ったのかということになる。日本が強い主張をしたら何か変化があるというのは大きな勘違いだ。」

この発言はまるで今後の事態を予見していたかのようでした。日本はロシアの特別軍事作戦を踏まえ、アメリカと欧州諸国の反ロシア政策を全面的に支持し、ロシア指導部に対して次々と制裁を科し、二国間の貿易・経済関係をほぼ完全に縮小させました。そのため、ロシアは日本を非友好国に登録し、こうした環境下で平和条約交渉をするのは無意味だと宣言しました。こうしてモスクワと東京の関係は、１９５６年の国交正常化以来、最低の水準に落ち込んでしまったのです。

２０１９年2月から２０２２年3月までの平和条約と領土問題に関する交渉について、

その詳細の多くは現段階では未公表のままです。しかし、結果は知られています。二国間関係の抜本的再建を目指した安倍首相の「壮大なプロジェクト」は、失敗に終わったのです。

第7章　アメリカの凋落

ロシアと欧州の間にくさびを打つ

東郷　パノフさんは、ウクライナ戦争はロシアとウクライナの対立にとどまらず、ロシアと西側諸国の対立だと捉えています。ウクライナ戦争に最も積極的に関与しているのはアメリカです。改めてアメリカの動きをどう見ているか教えてください。

パノフ　ロシアが特別軍事作戦を始める前から、アメリカはヨーロッパ諸国とロシアが緊密な関係を築くことに反対していました。特にワシントンが懸念していたのは、ロシアと欧州最大の国であるドイツ及びフランスとの政治的、経済的、文化的な交流でした。これはアメリカのヨーロッパ支配にとって脅威になるからです。

アメリカがヨーロッパの安全保障政策をコントロールする上で大きな役割を果たしてき

たのがＮＡＴＯです。しかし、ＮＡＴＯはロシアを封じ込め、欧州との国境に恒常的な軍事的緊張をつくり出すことができなくなっていました。将来的にＮＡＴＯが崩壊し、米軍がヨーロッパ諸国から撤退する可能性も排除できませんでした。

また、アメリカはヨーロッパ諸国がロシアのエネルギー資源、特に液化天然ガスへの依存を強めていることを懸念していました。ロシアのガスは相対的に安価であるため、経済を効果的に発展させることができ、アメリカのビジネスと競争する上でも有利です。バイデン大統領がノルド・ストリームのガスパイプラインを痛烈に批判していたのは偶然ではありません。

こうした発言ののちにパイプラインへの破壊工作が行われたことから、直接的ではないにせよ、アメリカの諜報機関が関与しているのではないかと推測されるのは当然でしょう。こうした環境の中で特別軍事作戦が開始されたわけです。これによってロシアと欧州が協力してアメリカを脅かす可能性は低くなったので、アメリカが得た利益は大きいと思います。

アメリカはロシアに戦略的敗北を与えることを狙っており、ＮＡＴＯとＥＵもアメリカと完全に歩調を合わせています。そのため、キエフへの軍事支援はどんどん増えています。また、欧州はロシアの石油やガスを拒否し、ロシア産ガスよりも高価なガスを輸入しなければならなくなったので、それを含めて8000億ドル以上の支出を余儀なくされました。

これにより、特にドイツでは工業生産が大幅に減少し、大企業でさえ業績が悪化しています。その結果、工業生産の拠点はアメリカに移動し始めています。エネルギーや電気のコストを含め、アメリカの事業コストが相対的に安く魅力的になったからです。言い換えれば、アメリカは欧州の犠牲の上に利益を得ているということです。

ウクライナ派兵を検討

東郷　アメリカがロシアとヨーロッパの関係にくさびを打ち込んだのは確かだと思います。ただ、ウクライナ戦争が始まってからは、ヨーロッパは自ら積極的にロシアと敵対するようになったように見えます。

パノフ　ボレルEU外務・安全保障政策上級代表は、2024年4月に開催された経済フォーラムで講演し、EUはウクライナが抵抗できるようになるまで、要するにプーチン大統領が紛争をやめるまでウクライナを支援し続けるべきだと述べました。しかし、もしウクライナが敗北を認め、ロシアと交渉すると言い始めた場合、欧州の指導者たちはどうするつもりなのでしょうか。

ロシアの勝利はヨーロッパの崩壊、終焉を意味するというパニック的な発言が、ヨーロッパの小国の指導者たちからなされることもあります。ロシアはウクライナにとどまらず、ＮＡＴＯ加盟国である欧州諸国に対しても軍事行動を開始するだろうといった声が聞かれることもあります。

ロシアの政治・軍事指導部の代表は、ロシアは地政学的にも軍事的にもＮＡＴＯ諸国を攻撃する利益もなければ、その必要もないと繰り返し述べています。ロシアがヨーロッパに軍事侵攻するという主張は、相当程度、ヨーロッパ諸国が国内で抱える矛盾を覆い隠すためのものでしょう。

東郷　対外危機を煽れば、物価や教育、医療などの内政上の問題に関心が向かなくなりますからね。

パノフ　しかし、ウクライナへの莫大な資金援助と軍事援助のせいで、多くのヨーロッパ諸国は社会問題に関する予算を大幅に削減しなければならなくなったので、国民の間で不満が高まっています。

とはいえ、ヨーロッパはいまもウクライナへの多額の支援を続けています。２０２４年２月、ＥＵはウクライナに５００億ユーロの新たな支援を決定しました。

また、ウクライナが敗北する可能性がますます高まっていることから、多くの欧州の指導者や支配エリートたちが軍隊を派遣することも含め、ウクライナの敗戦を回避するための支援策を積極的に検討するようになっています。

ウクライナへの派兵を初めて表明したのは、フランスのマクロン大統領です。2024年2月のことです。当初は他の欧州諸国から強い支持は得られませんでしたが、ウクライナ敗北の可能性が高まるにつれ、ヨーロッパの小国の指導者たちがこの政策を支持し始めました。リトアニアのナウセダ大統領やエストニアのカラス首相、フィンランドのヴァルトネン外相、ポーランドのシコルスキ外相などがそうです。

もちろん、欧州諸国の一部がそのような行動に出たとしても、すべてのNATO加盟国がそれを支持するわけではありません。そもそも、彼らの軍事行動を調整しているのはNATOですから、NATO抜きにこの政策を実行するのは不可能です。

しかし仮に欧州諸国が軍隊を送れば、NATOとロシアの間で軍事衝突が起こり、紛争がエスカレートする恐れがあります。これは最も深刻な事態です。

アングロサクソンのジュニア・パートナー

東郷　欧州の安全保障はアメリカ抜きには考えられません。しかし、アメリカ国内ではウクライナ政策に対して疑問の声もあり、いつまでウクライナ支援を続けられるかわかりません。

パノフ　欧州のエリートたちは、アメリカが今後もウクライナを支援し続けるかどうか疑問を持っています。多くのアナリストによれば、アメリカ大統領が交代し、ウクライナの戦闘を終結させる方針を打ち出した場合、欧州はアメリカ抜きにロシアと一対一で対峙しなければならない可能性が出てきます。

そのため、欧州の指導者たちは不安を感じています。たとえば、マクロン大統領は２０２４年4月25日にソルボンヌ大学で講演し、欧州の将来について考え、「アメリカの属国」でないことを示さなければならないと強調しました。そのためにも欧州の安全保障協力を強化することが重要だというのが、マクロン大統領の主張でした。

講演の主なテーマは、欧州はアメリカから戦略的・技術的に独立する必要があり、ヨーロッパ人は世界の他の地域と独自に対話する用意があるということでした。その中にはロシアも含まれています。マクロン大統領は「ウクライナ紛争が終わったあと、我々の安全保障システムはロシアとの関係を築く上で役に立つだろう」と述べました。また、ミサイル防衛システムをはじめ、防衛分野において独自の生産プログラムを開発し、持続的に資金を調達する必要があると指摘しました。

マクロン大統領がこうした意見を述べるのは今回が初めてではありません。２０１７年9月にもソルボンヌ大学でスピーチし、「欧州はあまりにも弱く、あまりにも遅く、あまりにも効果がない」と述べ、欧州共通の即応部隊や共通の防衛予算、共通の軍事ドクトリンを持つべきだと提案しました。また、NATOは「脳死状態」にあるとも述べています。
要するに、国際情勢が悪化する中でヨーロッパが存続していくためには、自らの主体性を維持し、自分の安全は自分で守り、自分の政策は自分で決める必要があるということです。アングロサクソンは欧州の利益を考慮していないので、彼らのジュニア・パートナーであり続けることは欧州の弱体化につながるというわけです。しかし、そのアイディアはどれも実行に移されていません。

ハンガリーの主張

東郷　ヨーロッパ全体を見ると、フランスの考え方が共有されているとは言えませんね。

パノフ　欧州のエリートたちの間には、マクロン大統領とは異なる意見もあります。
たとえば、ハンガリーのオルバン首相は、２０２４年4月25日にブダペストで開催された国際会議で演説し、リベラルなイデオロギーに基づく世界秩序の代わりに、国家の主権と国益に基づく国際関係システムをつくらなければならないと述べました。「自由主義的世界精神は世界に戦争や混乱、無秩序、経済破綻をもたらし、国際政治における混乱や家庭の貧困化、街頭や広場における治安の悪化を招いた」。これがオルバン首相の主張です。

また、「進歩的リベラル覇権主義」が世界を民主主義と独裁主義に分裂させたとも指摘しています。「進歩的リベラル思想」をつくった人々は自分たちの役割は独裁政治に反対する十字軍であると宣言しました。そのため、彼らは戦争を行い、民主主義を輸出した結果、彼らがどこに現れてもみんなうんざりするようになったとオルバン首相は述べています。

さらに、アメリカとＥＵの指導者たちが抑圧的なやり方で他国にリベラルな価値観を押しつけようとしていることも非難しています。６月の欧州議会選挙と11月のアメリカ大統領選挙は、腐敗しつつある進歩的リベラル秩序を交代させるまたとない機会だとして、私たちはグローバルなイデオロギーに服従すべきではなく、国家の行動はそれぞれの国益によって決定され、国民が真の主権者となるシステムを世界的に確立しなければならないと主張しています。

核抑止力をめぐる議論

東郷　欧米をはじめ西側諸国はこの戦争で核兵器が使用されるのではないかという懸念を持っています。そのため、西側では核兵器に関する議論が盛んに行われるようになっています。

パノフ　欧州ではロシアの勝利をどう防ぐかという文脈で核抑止力が問題になっています。

２０２４年4月28日、やはりマクロン大統領が「我々の死活的な利益が脅かされた場合、核兵器を使用することができる。その死活的利益はヨーロッパの尺度で決められる」と述べました。フランスではこの発言は特に野党から批判されましたが、多くのヨーロッパの指導者たちは核抑止力を使うことを支持しました。

ポーランドのドゥダ大統領は、２０２４年4月にアメリカを訪問し、ＮＡＴＯの核シェアリング・プログラムの一環としてポーランドの領土に核兵器を配備する用意があることを、ポーランドの指導部が繰り返しアメリカに伝えたことを明らかにしました。すぐにポーランドのシコルスキ外相が、ドゥダ大統領にはそのような発言をする権限はないと否定しましたが、これが単にポーランドの国家元首の個人的見解を反映したものではないことは明らかです。

ポーランド大統領に続きリトアニア大統領も自国に核兵器を配備する考えを支持すると述べました。

アメリカの核兵器はイタリア、ベルギー、ドイツ、オランダ、トルコの5カ国の基地に配備されています。また、ハンガリー、デンマーク、ポーランド、チェコなどヨーロッパの7カ国がＮＡＴＯの核作戦に関連する通常航空戦術プログラムに参加しています。

核兵器に関するロシアの立場

東郷　パノフさんに率直にうかがいます。ロシアが核兵器を使用することはないでしょうか。

パノフ　ロシアが特別軍事作戦を開始したあと、欧米や日本ではロシアが軍事作戦の過程で戦術核兵器を使用する可能性があると指摘されるようになりましたね。たとえば、日本の志野光子国連特命全権大使・次席常駐代表は、２０２４年4月12日に安全保障理事会で演説し、ロシアの「核のレトリック」を非難し、「核兵器の使用は言うに及ばず、ロシアの核の脅威も決して受け入れない」と述べました。ロシアはこの発言に強く反発しました。ロシアが核兵器で誰かを脅したことは一度もないからです。

ロシアの指導部、とりわけプーチン大統領は核兵器の使用に関するロシアの立場を明確に述べています。２０２０年のロシア大統領令「核抑止分野におけるロシア連邦の国家政策の基本について」の第17、18条には、核兵器の使用は国家の存立そのものが脅かされる場合にロシア連邦大統領によって下されると書かれています。

プーチン大統領はある発言の中で、軍事技術的な観点からロシアは核戦力を使用する準備ができていると指摘しています。ロシアの「核の３本柱」は、アメリカを含む他のどの国よりも近代的です。

東郷　「核の3本柱」とは核の運搬手段のことで、大陸間弾道ミサイル（ＩＣＢＭ）、戦略爆撃機、潜水艦発射弾道ミサイル（ＳＬＢＭ）を指します。

パノフ　そうです。もしＮＡＴＯないしアメリカがロシアに戦略的敗北を与えるためにウクライナに軍隊を投入すれば、ロシアが自らを守るために核兵器を使用することは避けられないかもしれません。

２０２４年5月6日、ロシア国防省は南部軍管区で戦術核兵器の使用に関する演習を開始すると発表しました。ペスコフ大統領報道官は、ウクライナにＮＡＴＯ軍を派遣しようとする動きへの対応だと述べました。ＮＡＴＯ軍の派遣は新たな緊張を招き、前例もないので、ロシアは特に注意を払っています。また、ロシアはウクライナにＦ―16戦闘機が納入されることも注視してきました。Ｆ―16は核兵器が搭載可能で、ＮＡＴＯの演習でそのことが証明されています。

その意味で、ロシアの演習は戦術核兵器を使用するための準備ではありません。ロシアが決定的な報復に出ざるを得なくなるような政策を行わないように、アメリカとＮＡＴＯに警告を与えることが目的です。

核兵器への依存度を高めるアメリカ

東郷　西側はロシアが核を使用するかのように決めつけていますが、何かはっきりとした証拠をつかんだとか、明確な根拠があるわけではありません。

パノフ　バイデン政権は特別軍事作戦が始まって以来、ロシアが核攻撃を行おうとしているという信頼に足る情報を見つけていないと認めています。

その一方、アメリカ自身は自国への脅威を退けるためだけでなく、ヨーロッパやアジアの同盟国への脅威を退けるためにも核兵器を使用することを排除していません。２０２３年10月に米議会委員会が発表した核戦略政策に関する報告書では、「アメリカの戦略目標には、ヨーロッパとアジアにおけるロシアと中国の侵略を通常戦力を用いて効果的に抑止し、打ち負かすことが含まれるべきである。アメリカとその同盟国やパートナーが、この目標を達成するために十分な通常戦力を提供できない場合、核兵器への依存度を高める必要がある」と強調しています。

国連でもロシアが核兵器を使用する可能性に関して議論されています。２０２４年４月、アメリカは国連安全保障理事会に宇宙で核兵器を使用することを禁止する決議案を提出しました。しかし、そもそもロシアはいかなる兵器であれ宇宙で使用することを禁止すべきだと考えているので、この決定に反対しました。ロシア代表はなぜアメリカは宇宙であらゆる兵器の使用を禁止しないのかと質問しましたが、アメリカ代表は答えませんでした。何十年もの間、ロシアと中国はアメリカに対して、いかなる兵器であれ宇宙で使用するのを禁止する協定を結ぶように提案してきましたが、アメリカは拒否しています。

プーチン大統領は、ロシアは核兵器を宇宙に配備するつもりはないと何度も述べています。これは1967年にソ連が締結した宇宙条約で禁止されていることです。

また、アメリカはロシアが核兵器を搭載した新しい衛星を開発していると主張しています。確かにロシアは衛星が軌道上に無期限にとどまることを可能にする小型の原子力装置を開発していますが、これは核兵器ではなく、超低出力の宇宙エンジンであり、ソ連が設計した小型原子炉をベースに開発されています。

アメリカがあらゆる種類の兵器を宇宙に打ち上げるのを禁止しようとしないのは、宇宙で重要な役割を果たす「X―37軍事用ミニシャトル」の試験を行っているからでしょう。

トランプ氏の対ロ政策は未知数

東郷　アメリカ大統領選でトランプ前大統領が勝利すれば、アメリカの対ロシア政策が大きく変更され、それにともないヨーロッパの政策も変化する可能性があります。

パノフ　ウクライナもヨーロッパ諸国も、そして日本も、トランプ氏がアメリカ大統領に再選されるのではないかと警戒し、それを望んでいません。トランプ氏がウクライナ政策を根本的に変えれば、ヨーロッパはロシアと、日本は中国と、それぞれ一対一で対峙しなければならなくなると予測されています。

２０２４年4月、ワシントン・ポストはトランプ氏と側近の私的な会話を引用しつつ、トランプ氏は選挙に勝てば、クリミアやドネツク、ルガンスクの一部をロシアに割譲するようにウクライナに圧力をかけるつもりだと語ったとされる記事を掲載しました。その結果、武力による敵対行為が終わり、これらの領土がロシアの一部になれば、そこに住む人々は安全に暮らせるようになるというわけです。

この情報がどこまで正確なのか、トランプ氏の真意はどこにあるのかを判断するのは極めて困難です。そもそも彼が選挙に勝てるかどうかもわかりません。

トランプ氏と同じく共和党に所属するマイク・ジョンソン下院議長は、２０２４年4月18日にＣＮＮの番組に出演し、トランプ氏が勝利した場合、「トランプ氏は十分に強く、世界の舞台に打って出るだろう。ロシアがその時点でまだ攻勢を続けていれば、ウクライナとの和平交渉を仲介することができるだろう」と述べました。

欧州各国の指導者の中にも、トランプ氏が勝利する可能性が高いと見ている人がいます。

２０２４年4月、ハンガリーのオルバン首相とポーランドのドゥダ大統領がトランプ氏のもとを訪れました。日本も「遅れず」、同年4月に与党・自民党の重鎮である麻生太郎元首相がトランプ氏と面会しています。

しかし現時点で、トランプ氏が大統領に選出された場合にどのような道を歩むかを語るのは時期尚早です。選挙前にはレトリックとして大胆な発言をするものです。実際に大統領になってからどういう行動をとるかはまた別の問題です。

アメリカの政治や経済、軍事のエリートたちは、世界政治における支配的地位を維持したいという願望を持っており、アメリカにとって最も危険な敵対国であるロシアと中国に対する戦略についてコンセンサスを形成しています。ウクライナでロシアに戦略的敗北を与えることは、その最初の段階にすぎません。次の段階は、中国に戦略的敗北を与えることです。アメリカの政治家の中に、ロシアがウクライナ、本質的にはアメリカを中心とする西側諸国との対立で勝利することは、中国の勝利をも意味すると考えている人がいるのは偶然ではありません。

アメリカ国内ではロシアと中国に対する政策について見解の相違が見られますが、それは戦略というよりもむしろ戦術に関してです。トランプ氏は「アメリカ第一主義」を掲げ、アメリカの世界支配を維持することを狙っていますが、このことにはアメリカの支配エリートたちも同意しています。

いずれにせよ、トランプ氏がアメリカ大統領に就任した場合、アメリカがバイデン政権の対ロ政策を維持するのは容易ではないでしょう。

フランシス・フクヤマの予言

東郷　トランプ氏は第一期と同じく「アメリカを再び偉大な国に」をキャッチフレーズにしています。仮に対ロ政策を転換するなら、ウクライナに政治的、財政的資源を投入しなくなるわけですから、国力に余裕が生まれます。とはいえ、アメリカの凋落という現在の流れを食い止めるのは困難だと思います。

パノフ　国際政治においてアメリカの影響力が低下し続けることを食い止めるのは容易ではありません。いま国際舞台では新たな勢力が台頭しています。こうした勢力は、西側のルールにしたがった世界観を批判し、アメリカが主導する西側中心の世界に代わるものを模索しています。中国やインド、イラン、さらには中東やアフリカ、ラテンアメリカの多くの国々がそうです。いわゆるグローバル・サウスです。

東郷　冷戦崩壊直後にアメリカ一強と呼ばれていた時代と比較すると、隔世の感があります。

パノフ　1992年に冷戦が終結すると、アメリカの政治学者フランシス・フクヤマは著書『歴史の終わりと最後の人間』で、社会主義体制の崩壊は西側の自由民主主義と資本主義の勝利を意味するだけでなく、すべての歴史的な戦いの終わりを意味する、つまり「歴史の不快な部分は終わった」と結論づけました。これらの思想はアメリカやヨーロッパ諸国の政治家、社会活動家、政治学者たちによって熱狂的に支持されました。特にアメリカのエリートたちの間で人気を博し、西側の唯一のリーダーであり冷戦の覇者であるアメリカが新しい世界秩序を構築することを正当化するために利用されました。

それから20年後、第二次冷戦という新たな冷戦が始まりました。その芽は、アメリカがロシアの利益、中でも安全保障上の利益を考慮しようとしないことによって生じました。

2014年、オバマ大統領はロシアを軽蔑し、ロシアは地域大国であり、その強さではなく弱さゆえに近隣諸国の脅威になっていると述べました。ロシアとアメリカの関係が悪化したのは、何か個々の問題について意見の相違があったからではありません。かつての冷戦と同様、両国の対立は地政学的対立に加え、政治体制や道徳的・倫理的原則の違いによるものでした。

フクヤマは現在、民主主義が後退し、権威主義体制が台頭していると考えています。そして、民主主義を支えてきた国で民主的に選ばれたはずの指導者たちが、自ら憲法秩序や法の支配を破壊しており、民主主義国はかつての共産主義国と同じく内部の腐敗によって崩壊する恐れがあると指摘しています。２０２４年3月にフィナンシャル・タイムズに掲載された記事で、彼は「いまアメリカの社会制度は状況の変化に対応できず、深刻な危機に陥り、衰退の一途をたどっている」と強調しています。この関連で、彼は次の選挙でトランプ氏が勝つ可能性があるとし、もしそうなれば世界の隅々にまで影響が出るだろうと述べています。

フクヤマの「歴史の終わり」という予言は的中しませんでしたが、こちらの見解については国際的な政治家や分析家によって真剣に検討されています。

イスラエル問題に足をとられる

東郷　現在、イスラエルをめぐって中東が大混乱に陥っています。これもアメリカの国力低下と無関係ではありません。

パノフ　中東の深刻な危機は、アメリカの世界的な政治基盤が大きく揺らいでいることや、軍事力が低下していることを端的に示しています。

２０２３年10月7日、武装集団ハマスがイスラエルを攻撃し、１０００人以上の市民を殺害、約２４０人の人質をとりました。イスラエルは即座に反撃を加え、３万５０００人以上を殺害しました。

アメリカはイスラエルとともに国連で人道目的の停戦を要求する決議に反対しました。その結果、アラブ世界だけでなくアメリカの同盟国もアメリカを非難しました。アメリカ国内の世論も二分しています。

また、アメリカはイラクとシリアの親イラン派武装集団にも軍事攻撃を加えており、それによってアメリカとイランの関係も急激に悪化しています。

そのため、アメリカは中東における軍事的プレゼンスを高めなければならなくなっています。その代償として、インド太平洋における軍事的プレゼンスを低下させる必要に迫られています。

これに懸念を示しているのが日本です。岸田首相は2024年4月にアメリカを公式訪問した際、アメリカはインド太平洋地域への関与を縮小すべきではないと強調しました。日本は中国がこのような状況を利用し、ウクライナで起きていることが東アジアで繰り返されるかもしれないと考えています。

慶應義塾大学の神保謙教授をはじめ多くの日本の政治アナリストは、アメリカが政治的、軍事的資源をウクライナや中東に振り向けることで、インド太平洋地域における軍事的プレゼンスを低下させ、台湾への関心を後退させることは、中国にとって利点が多いと考えています。その結果、米中対立の緊張が緩和され、中国が軍事力を増強して台湾侵攻を成功させるまでに戦略的な時間的余裕が生まれるからです。

これらの議論では、アメリカにはウクライナと中東、東アジアという三つの紛争に同時に効果的に関与する十分な資源がないことが示唆されています。そのため、中国はアメリカとの関係において一定の政治的安定を期待できることになります。

第8章　中国の思想と行動

イデオロギーの力

東郷　アメリカにとって最大の脅威は中国です。ロシアでは米中対立はどう受け止められていますか。

パノフ　中国は経済成長率が年率10％以上から5％に低下したとはいえ、十分に高い経済発展を維持しています。世界経済における役割はどんどん大きくなっており、世界政治における影響力を拡大するためにますます強力な基盤をつくり上げています。

アメリカはこのことに危機感を抱いています。２０２１年3月3日にバイデン氏は大統領に選出された直後、「国家安全保障戦略の暫定的な指針」を発表しました。これはアメリカの安全保障に対する主要な脅威と潜在的脅威を概説し、それらを除去するための方策を示した文書です。この文書では、中国は「経済力、外交力、軍事力、技術力を兼ね備え、既存の世界システムに挑戦する潜在力を持つ唯一の国」と定義されています。「既存の世界システム」とは、アメリカが支配的な役割を果たす世界システムのことです。

また、ロシアに関しては、「世界的影響力を強化し、世界的舞台で破壊的な役割を果たそうとする国」とされています。この評価に沿って、アメリカはウクライナでの軍事対立を利用し、ロシアを最大限弱体化させようとしているわけです。

２０２２年2月、バイデン政権は中国の脅威に対抗し、あらゆる面で中国を封じ込めることを目的とした包括的な戦略を承認しました。この戦略は「インド太平洋戦略」としてまとめられました。アメリカの経済的、技術的優位性を確保するために、インフラを近代化することや、人工知能をはじめ画期的な新技術を開発することに取り組むとされています。

また、トランプ政権時代は中国の対米輸出に対して関税制限措置が多用されましたが、すでに効果がないことが証明されています。そこで現在優先されているのは、中国のハイテク企業がアメリカ市場で活動することや、アメリカの先端技術にアクセスするのを制限することです。２０２２年10月、バイデン政権は中国に対して、最先端のチップやそれを製造するためのハードウェアとソフトウェア、人工知能開発に関連する技術を販売することを禁止しました。

さらに、アメリカは中国の成功は中国の特色ある社会主義へのコミットメントによるものだとし、「社会主義は必然的に資本主義を打ち負かす」という習近平国家主席の公式発言を重く受け止めています。中国はその加速発展モデルを外国、特に発展途上国と共有しようとしています。

アメリカ民主党は世界の民主主義のために戦うことで知られていますが、バイデン大統領をはじめ政権の幹部たちは、中国の真の危険は軍事・経済分野だけでなく、イデオロギーの領域にもあると強調しています。そのため、中国共産党と権威主義的な中国の政治体制を批判することがバイデン政権のプロパガンダ活動の中心となっています。この活動は「民主主義と権威主義の戦い」というスローガンのもとで行われています。

欧州とのデリスキング

東郷　ヨーロッパも人権や民主主義という観点から中国を批判しています。

パノフ　アメリカは中国のイデオロギー的脅威に対抗するために、欧州を中心とする同盟国やパートナー国にも協力させています。ＥＵはアメリカとの連帯を示すため、中国が新疆ウイグル自治区で人権侵害をしていると批判し、中国の団体や個人に対して多くの制裁を科しています。

もっとも、ヨーロッパの一部の国は、アメリカよりもソフトな立場をとっています。アメリカではデカップリング（分離）という言葉が使われていますが、ヨーロッパではデリスキング（危険低減）という表現が使われています。最先端の科学技術分野において中国依存から脱却しつつも、欧州諸国にとって有益な協力関係は維持するということです。

中国とヨーロッパの貿易や経済関係は双方にとって重要です。２０２３年の中国の貿易相手を見ると、欧州は東南アジア諸国連合（ＡＳＥＡＮ）諸国に次いで第2位で、13・２％を占めています。ＥＵの全輸入品に占める中国商品の割合も20％を超えています。

中国経済は輸出に大きく依存しており、それによって国内生産を発展させています。輸出の落ち込みは経済成長の鈍化や企業の操業停止を招き、社会問題を引き起こしかねません。したがって、ドイツやフランスのように必ずしもアメリカの指示にしたがうわけではない国との協力が不可欠なのです。

とはいえ、対ロシア政策では中国とヨーロッパは一致していません。ＥＵやドイツ、フランス、ポーランドなどの指導部は、アメリカの後押しを受け、中国とロシアの結びつきを断ち切り、欧州及びウクライナの条件でロシアにウクライナ紛争を解決させようとしています。しかし、彼らはこれを達成できていません。中国はロシアとの協力関係を縮小するつもりはないと強調し、ウクライナ問題は対立する当事者の同意によって解決されるべきだと述べています。

南太平洋へ進出

東郷　全体として、やはりヨーロッパよりアメリカのほうが厳しい姿勢で臨んでいますね。

パノフ　2021年2月11日、バイデン大統領は習近平国家主席との初の電話会談を行い、中国の不公正な経済慣行や人権侵害、台湾海峡を含むアジア太平洋地域における中国の軍事力増強に対して不満を述べました。これらの懸念がバイデン政権の対中国政策の中心にありました。

そのため、バイデン政権は中国の軍事的プレゼンスと活動の拡大を懸念するアジア太平洋諸国とともに、中国包囲網を構築する戦略を打ち出しました。具体的に言えば、オーストラリアや日本、韓国との二国間軍事・政治同盟を強化するということです。

2023年8月、日米韓の首脳がキャンプデービッドで会談し、経済安全保障やサイバーセキュリティ、合同軍事演習に関する立場を調整するため、毎年首脳会談とハイレベル会合を行うことで合意しました。それとともにAUKUSやQUADのような準ブロックの形成も進んでいます。

東郷　アメリカは中国に対抗するため、東南アジアとの関係も強化しています。

パノフ　東南アジア諸国は反中国政策をとるように促されています。特にフィリピンやベトナム、インドネシアがそうです。バイデン政権でアジア政策を主導してきたダニエル・クリテンブリンク氏は、ワシントンの目標はＡＳＥＡＮとの関係を前例のないレベルまで引き上げることであり、中国のパワー増大に直面する安全保障インフラに焦点を当てると説明しています。

中国の影響力が南太平洋に広がるのを防ぐ取り組みも強化されています。２０２２年９月、「太平洋パートナーシップ戦略」が初めて採択されました。これはアメリカの安全保障上の利益と、この地域における中国の影響力の強大化を防ぐことを念頭に置いたものです。

東郷　私は倉成正外務大臣の秘書官をしていたころ、大臣とともに一部の島嶼国を訪問したことがあります。冷戦末期にはソ連の太平洋進出が懸念されていましたが、いまは中国の進出に関心が移っているわけですね。

パノフ　中国はアメリカによる中国包囲網と封じ込め戦略に強く反発しています。彼らはアメリカの政策を、この地域における中国の利益と安全保障に対する直接的な脅威と見なしています。

また、アメリカは中国指導部を恒常的な緊張状態に置くための手段として、台湾問題を利用しています。2022年5月、バイデン大統領は東京で岸田首相と会談したあと、中国が攻めてきた場合、アメリカは台湾を軍事力で守るのかと記者会見で問われ、肯定的な回答をしました。彼はこう答えました。「それは我々が約束した義務です。」

この発言のあと、アメリカ側は、大統領は新しいことは何も言っておらず、「一つの中国」を認めるというアメリカの立場に変わりはないという趣旨の説明を行いました。それでもアメリカの大統領が、中国が台湾問題を解決するために武力を行使した場合、米軍の使用がありうることを否定しなかったのは初めてのことです。

2022年夏にペロシ下院議長が台北を訪問したのも偶然ではありません。これほど高レベルのアメリカの政府高官が台湾を訪問したのは近年では初めてで、北京の深刻な否定的反応を引き起こしました。

大統領選後の対中政策

東郷　大統領選でトランプ氏が勝利した場合、中国はアメリカにどう対応するでしょうか。

パノフ　トランプ氏が大統領選で勝利したとしても、中国指導部はアメリカの対中政策に大きな戦略的転換はないと見ていると思います。

トランプ氏にとって中国の政治家や実業家は、アメリカの最もダイナミックで強力な競争相手です。実際、トランプ氏は大統領のころ、中国との積極的な貿易戦争を開始し、中国が特恵借款を使って発展途上国を債務の罠に陥れていると非難していました。また、中国がアメリカの内政や外交に干渉しており、大統領選挙にも介入し、アメリカの世論に影響を与えようとしていると批判していました。

２０１７年12月にトランプ大統領が署名したアメリカの国家安全保障戦略では、中国はアメリカの「戦略的競争相手」と位置づけられています。中国の軍備増強計画の当面の目標は、アジアにおける中国の覇権を確立することであり、究極の目標は世界のリーダーとしてアメリカを追い抜くことだと考えていたのです。

２０１８年１月30日の一般教書演説では、トランプ大統領は中国とロシアを、アメリカの利益、経済、価値観に対抗する競争相手と表現しました。台湾政策でもトランプ政権はオバマ政権よりも積極的でした。２０１７年に14億ドル相当のアメリカ製兵器を台湾に提供し、翌年にはさらに３億５０００万ドル相当が追加で提供されました。米軍艦も再び台湾海峡を通過するようになりました。トランプ氏はアメリカ政府高官が台湾を訪問することを認める法律も作成しています。

２０１９年には「香港人権民主主義法」に署名し、事実上、中国の国内問題に干渉することを示唆しました。中国当局が新疆ウイグル自治区の民族的・宗教的少数派の権利を侵害しているとする批判キャンペーンも始めています。２０２０年6月には同自治区での人権侵害をめぐり、多数の中国共産党指導者に制裁を科す法案に署名しました。在テキサス中国総領事館のスパイ活動を非難し、同領事館を閉鎖することも要求しています。

トランプ政権時代、アメリカと中国は互いに多くのメディア関係者を追放しました。また、トランプ大統領はコロナウイルス・パンデミックの責任は中国にあると広く宣伝しました。さらに、米海軍の南シナ海におけるプレゼンスを高め、軍事演習を拡大しました。トランプ大統領は反中国感情を煽りました。世論調査によれば、２０２０年にはアメリカ人の3分の2が中国に対して否定的な見方をしています。２０１７年には47％だったことを考えれば、大きく上昇していることがわかります。

全体として見れば、トランプ大統領の中国政策は両国関係を著しく複雑化させました。こうした過去を考えれば、トランプ氏が2度目の大統領になったとしても、中国に対する戦略的視点が大きく変わるとは考えられません。

唯一のレッドライン

東郷　中国の台頭は国際社会全体にどういう影響を与えていますか。

パノフ　中国の台頭は将来の国際関係について様々な予測をもたらしています。アメリカの国際社会における政治的、経済的、軍事的能力が著しく低下していることを踏まえると、アメリカは冷戦終結とソ連崩壊後、一極化する世界を主導するリーダーシップを維持できなかったと見るべきでしょう。世界は多極化に向かっているという見解もありますが、アメリカと中国が主導する二極世界が出現する可能性も否定できません。

２０１０年から２０２０年までの10年間、アメリカでは多くの政治学者たちが「中国・アメリカ共同統治（Chimerica）」で世界を支配する可能性について議論しました。しかし、この議論は長くは続きませんでした。中国がこの構図における従属的な役割、つまりジュニア・パートナーの役割に満足しなかったからです。

なぜこういう議論が出てきたかと言うと、当時のアメリカの政治家及び政治学界では、中国が市場メカニズムによって経済発展すれば、国際社会や国際貿易への関与を強めていくと見られていました。そして、国際的な経済組織や経済機関が採用するルールにしたがって行動し、経済を自由化して国家資本主義から自由市場経済に移行すれば、最終的に物質的で民主的な価値観を志向する豊かな中産階級が生まれ、それに基づいて政治形態を変革していくだろうと考えられていたのです。

そこで、オバマ政権時代も含め、アメリカは長年にわたって中国が国際金融機関や国際貿易組織に参加することを奨励してきました。しかし、この戦略は望んだような結果を生まず、中国を政治的、経済的変革に導くことはありませんでした。

東郷　アメリカは中国の民主化を後押ししてはいるものの、内心では中国を信用しておらず、その不信感がいまも続いているという印象を受けます。

パノフ　アメリカの支配体制には、中国を国家安全保障に対する脅威と見なす反中国主義が根深く存在します。反中国感情の著しい高まりは、議会や軍人、経済界、学界でも見られます。長年アメリカが敵対してきたのは主にロシアでしたが、いまでは中国が主要な敵対者と見なされているのです。

その一方で、ホワイトハウスは、アメリカと中国の関係が急激に悪化すれば、多くの利益が失われ、中国とロシアの二正面で冷戦を戦わなければならないという見通しも持っています。

こうした背景から、中国はアメリカと正常な関係をつくることができないと早急に結論づけないようにしています。中国指導部はホワイトハウスに対して、「対中関係を正しい軌道に戻しましょう。中国はアメリカに挑戦するつもりはありません」と呼びかけています。ただ、アメリカが衰退しつつある今日、中国は以前のように強さを隠すのではなく、自国の利益をより力強く推進すべきだという意見が国内で広まりつつあることも見落としてはなりません。

現在、米中双方は極端に関係を悪化させるのではなく、意見の相違にどこまで耐えられるかについて合意することが望ましいという結論に達しています。同時に、中国は常にアメリカに対して「レッドラインを越えるな」、「台湾問題をエスカレートさせるな」と警告し続けています。これこそが主要かつ唯一のレッドラインです。アメリカがこれを破れば、中国とアメリカの関係は最も深刻で、予測不可能で、もはや後戻りのできない壊滅的な結果をもたらすことになるでしょう。

三つの基本原則

東郷　しかしその一方で、中国の経済力もかつてほどの勢いを失っているので、アメリカにどこまで対抗できるか疑問視する声もありますね。

パノフ　中国の経済状況が厳しいことから、中国指導部はアメリカとの貿易・経済協力を維持することに関心があり、対米関係を悪化させたくないと考えていることは間違いありません。戦略的には中国はまだアメリカと決定的に対決するほど強くなく、より高いレベルの経済・軍事発展を達成するために時間を稼ぐことが必要だと考えられています。

アメリカもロシア及び中国を相手に「戦線」を開く気はありません。サリバン大統領国家安全保障問題担当補佐官は、アメリカの課題は中国との責任ある競争、つまり激しい競争を管理することだと述べています。

しかし、アメリカがアジア太平洋地域をはじめ、可能な限り多くの地域諸国を巻き込むことによって対中国戦略を強化していることは確かです。

中国の習近平国家主席は、２０２４年4月下旬に北京でブリンケン国務長官と会談した際、中国の対米政策の原則を示しました。

それは、中国とアメリカはライバルではなくパートナーであり、互いを害するのではなく互いの成功を助けるべきだということ、不公正な競争を行うのではなく違いを維持しながら共通の基盤を求め、言うこととやることが別ではなく、言葉に忠実に実践すべきだということです。

また、習近平氏は「私は中米関係に関して三つの基本原則を提案したい。相互尊重、平和共存、互恵協力である」と述べました。

東郷　平和的な姿勢を打ち出したわけですね。

パノフ　ブリンケン国務長官はロシアやイラン、朝鮮民主主義人民共和国に圧力をかけ、ヨーロッパや中東、朝鮮半島の平和と安全を損なう活動を止めるように働きかけてほしいと要求しました。また、中国がデュアルユース商品を供給し、ロシアの防衛産業を支援することをやめないなら、新たな制裁を科すと述べました。ブリンケン氏は、これらのことを習近平国家主席との会談で直接提起したそうです。アメリカ大統領選挙に中国が介入しようとしている証拠をつかんでいることも伝えたと明らかにしています。

これに対して、中国側は中国とアメリカの間にはこれまでも、そしてこれからも相違点はあるが、それが二国間関係を妨げることがあってはならないとし、アメリカは台湾や民主主義と人権、経済と貿易、科学技術、安全保障と主権の分野で中国のレッドラインを越えてはならないと応じました。

ロシアへの接近

東郷　最近、中国はロシアへの接近を強めています。

パノフ　中国はアメリカの反中国戦略の厳しさとそれが長期にわたって続くことを理解しています。そのため、ロシアを信頼できる同盟国と見なし、ロシアとの関係を強化しているのです。

中国はアメリカやヨーロッパの主要国の要求にしたがわず、西側と一緒になってロシアの特別軍事作戦を非難していません。だから、北京指導部は西側の対ロ制裁を無視し、ロシアとの貿易・経済関係を発展させ、特別軍事作戦を助けていると非難されているわけです。

ブリンケン国務長官をはじめバイデン政権の幹部たちは、アメリカは中国がロシアに中国製兵器を供給している直接的な証拠を持っていない一方、工作機械やマイクロエレクトロニクス、兵器の製造に使われる技術の納入が行われていると声明を出しています。このような納入を行っているとされる中国企業の多くは、アメリカの制裁を受けています。

中国指導部は、中国はウクライナ紛争と無関係であり、紛争当事者にいかなる援助も行っておらず、紛争の早期解決に関心があり、そのため独自の紛争解決計画を打ち出していることを繰り返し強調しています。2024年4月27日にブリンケン氏が北京を訪問した際、中国外務省北米・オセアニア部の楊涛部長は記者会見で、「中国はこの危機をつくり出していないし、当事国でもない」と述べ、アメリカは中国への誹謗中傷や圧力、中国企業に無差別に制裁を科すのをやめるべきだという認識を示しました。

その一方、中国政府はアメリカがウクライナ紛争に注意や資源を集中すれば、中国への関心が低くなると考えています。しかし、紛争が長引けば世界経済に悪影響を与えます。これは中国の望むことではありません。中国は自国の経済問題を解決するために、世界経済が安定的に発展していくことに大きな関心を持っているからです。

さらに重要なことは、ロシアが西側諸国との長期戦や対立を通じて弱体化する可能性があることです。そうなれば、中国とアメリカの対立において、ロシアは中国を本格的に援助することができなくなります。

東郷　私はアメリカの対中政策は失敗だと思っています。アメリカは中国に厳しく対応しようとする一方、あまりに厳しく出て緊張関係が高まることも嫌がっていました。彼らはバランスの良い対中国政策を模索していたと思いますが、結局、中国はどんどんロシアに近づいていき、アメリカにとって不利な状況が生まれてしまいました。

パノフ　北京とモスクワが行動をともにすることは、アメリカにとって深刻な問題です。２０２４年4月26日、中国の董軍国防相はロシアのショイグ国防相との会談で、変化する国際環境の中で戦略的安定を獲得するためには、中ロ両軍が行動をともにすることが重要だと指摘しました。

これに関連することですが、同年5月上旬には米上院軍事委員会の公聴会で、アブリル・ヘインズ国家情報長官とジェフリー・クルーズ国防情報局長が、中国が台湾統一に出れば、北京とモスクワは行動を調整するだろうと述べました。ロシア軍と中国軍が共同作戦をとらないとしても、両者は協力すると見ているわけです。

北東アジアのパワーバランス

東郷　アメリカはロシアと中国の間にくさびを打ち込みたいと思っているはずですが、全然うまくいっていません。

パノフ　そうですね。アメリカは北京とモスクワを引き離し、両者の関係を複雑にしようと試みていますが、彼らが望むような結果につながっていません。習近平国家主席は２０２３年3月20日から22日にかけてモスクワを訪問しましたが、そこでロシアと中国の戦略的パートナーシップを引き続き強化することが約束されました。

ロシアと中国の共同声明は、アメリカの新たなインド太平洋戦略に対して統一的な回答となっています。アメリカはＡＵＫＵＳ同盟の設立や、ＮＡＴＯと同地域諸国との関係強化、さらに同地域に中距離・短距離離陸上ミサイルを配備することを打ち出しましたが、これは同地域の平和と安定に悪影響を及ぼすと批判されています。

カート・キャンベル国務副長官は２０２４年4月、ＡＵＫＵＳ協定は中国を封じ込め、台湾を守るために結ばれたと公言しました。また、チャールズ・フリン太平洋陸軍司令官は在日アメリカ大使館で記者会見を開き、アジア太平洋地域に中距離ミサイルを配備する計画があることを明らかにしました。その目的は中国に対して「高度化された抑止力」を備えることにあると説明しました。こうした行動は、中距離ミサイル配備の軍拡競争につながりかねず、地域の安全を脅かします。

多くのアメリカのアナリストは、北東アジアのパワーバランスが一歩一歩中国に有利にシフトしていると考えています。北京はその政治的、経済的、軍事的潜在力の増大と、強力な政治的リーダーシップを活用し、アメリカをこの地域から押し出そうとしています。アメリカにこれを食い止める力はないでしょう。

第9章　ロシアはどこに向かっているのか

効果のない対ロ制裁

東郷　ロシアはウクライナ戦争が始まった当初、ウクライナから予想外の反撃を受けました。また、西側が一斉に経済制裁を科したので、すぐにロシアは音をあげると見られていました。ところが、ロシアは新しい状況に適応し、むしろどんどん力を増しています。

パノフ　集団的西側はロシアに戦略的敗北をもたらすために、ロシアを包括的に抑止しようとしました。それは単にウクライナを援助するだけではなく、ロシアを政治や貿易、金融、文化、科学、スポーツの分野で孤立させるということです。

この政策が実施されてから2年半が経過しました。しかし、彼らが期待した成果が得られていないことはもはや明らかです。

ロシアに非友好的な国は約40カ国に及びますが、その大部分がヨーロッパ諸国です。しかし、ロシアはほとんどすべてのアフリカ諸国、多くのラテンアメリカ諸国や中東諸国、アジア太平洋地域と関係を強化しています。政治的に孤立させることに失敗したということです。

ロシアに対する制裁対象は史上最多の４０００以上にのぼり、様々な制限や禁止が科されていますが、アメリカが期待したようにロシア経済をズタズタに引き裂くことはできていません。ロシア経済開発省が２０２４年初めに発表したところによれば、２０２３年のロシアの経済成長率は３・６％でした。教育や工業など、経済のすべての主要セクターでプラス成長となりました。

もちろん、ロシア経済が損害を受けなかったわけではありません。ヨーロッパへのガス及び石油の輸出は減少し、２０２３年には非資源・非エネルギーの輸出額は約25％も減少しました。額にして１４６３億ドルです。

そのため、ロシアは新しい輸出先を探さなければなりませんでしたが、すぐに見つかりました。たとえば、２０２３年のロシアと中国の貿易額は過去最高の２４００億ドルに達し、前年比26％の伸びを記録しました。インドへの石油輸出も大幅に増加しています。ユーラシア経済連合諸国との貿易高もほぼ3倍となり、８００億ドルに達しました。２０２４

年の穀物輸出は400億ドルの利益を生み、武器輸出の利益を上回っています。その結果、ロシア経済は急速に再建されました。

これまで輸入していたものをロシア企業の製品に置き換えることも進んでいます。ロシア市場から撤退する外国人オーナーが所有していた企業の買い取りも行われました。これにより、新たな生産体制を整えるだけでなく、雇用を維持することが可能になりました。実際、失業率は低水準にとどまっています。

アメリカや欧州諸国がウクライナ軍に必要な量の武器や砲弾を供給する能力をすぐに使い果たしてしまったのに対し、ロシアの防衛産業は近代的な兵器や必要な量の弾薬の生産を加速させています。西側の分析家及び専門家は、ロシアの軍産複合体がこれほど大きな成果をあげるとは予想していませんでした。

全体として見ると、ロシアの指導部は市場メカニズムを巧みに利用し、規制を効果的に用いることで持続可能な経済成長を維持しています。国際通貨基金（ＩＭＦ）は年次報告書で今後2年間の経済を予想し、ロシアの経済成長率は2024年は3・2％、2025年は1・8％としています。インフレ率は2023年は7・4％、2024年は5・2％、2025年は4・4％となっています。失業率は2023年は3・1％、2024年と25年も同じレベルにとどまっています。

そのため、西側の政治家や経済人、専門家の間でも、対ロ制裁は効果がないという認識が広がっています。日本国際問題研究所の「戦略年次報告書２０２３」は、制裁の目的はロシア経済に打撃を与え、プーチン政権の政策を変えることだったが、制裁は期待された効果をあげていないと結論づけています。

もっとも、このような結論にもかかわらず、報告書は制裁を継続すべきと示唆しているのですが。

二重の封じ込めに対する二重の対決

東郷　なぜ西側は対ロ制裁が十分な効果をあげないことを予測できなかったのでしょうか。

パノフ　それはロシアの軍事力や経済資源、ロシア社会のムードについて無知なため、誤った評価をしてしまったからです。西側の見立てでは、制裁によってロシア国民の生活水準は著しく低下し、指導部に対する不満が高まり、特別軍事作戦を停止せざるを得なくなるとされていました。しかし、そのようなことはまったく起きず、ロシア社会は分裂していません。それどころか、特別軍事作戦を実施したロシア指導部の行動を全面的に支持しています。

その最たるものが、今年3月15日から17日にかけて行われたロシア大統領選挙の結果でしょう。ここで現職のプーチン大統領が文句なしに勝利を収めました。

もちろん、指導部の行動を認めない人がいることは否定しません。しかし、その数はごくわずかです。しかも、彼らはロシア社会の圧倒的大多数から強く拒絶され、批判されています。

アメリカも自分たちの戦略がうまくいっていないことを認めています。2024年5月初旬、アメリカ上院軍事委員会の公聴会で、ヘインズ国家情報長官が、ロシアの国内情勢と国際環境がモスクワに有利であると述べました。

ロシアは中国との戦略的パートナーシップを強化しています。アメリカがロシアを打ち負かし、可能な限り弱体化させ、国際舞台で孤立させ、政治的に不安定にしようとしていることが、ロシアと中国の接近に少なからず寄与しています。バイデン大統領を筆頭に、アメリカは中国を戦略的に封じ込め、非友好的な同盟や連合で構成される「輪」で囲い込もうとしましたが、これもまたロシアと中国を接近させ、自国の主権と安全保障を確立するために共通の戦略的立場をとる状況を生み出しました。

2024年4月上旬にはラブロフ外相が、5月中旬にはプーチン大統領が大統領再選後初めて北京を訪問しました。中国の王毅外相はラブロフ外相との会談で、両国に対するアメリカの圧力が高まる中で、中ロ関係を「二重の封じ込めに対する二重の対決」と表現しました。

中国の軍事支援はない

東郷　ロシアと中国は対西側戦略で歩調を合わせていますが、すべての政策が一致しているわけではありませんね。

パノフ　ロシアと中国は、どうすれば公正な世界がつくられるかに関して共通のビジョンを持っています。その一方で、それぞれ自国の能力と戦略的状況に応じて、どのような道を進むべきかについて独自の考えを持っています。パートナーの立場を全面的に受け入れる必要はありません。

たとえば、中国はロシアのクリミア併合を公式には認めておらず、国家の領土保全の原則を支持しています。彼らは中国国内の政治状況に配慮しており、チベットや新疆ウイグル自治区における分離主義的感情に懸念を持っているのです。

また、中国はロシアの特別軍事作戦を軍事支援していません。しかし、アメリカやヨーロッパでは、ロシアがウクライナで軍事的に成功しているのは中国の支援のおかげだという見方が広まっています。中国企業や金融機関は西側諸国の対ロ制裁を回避してロシアに協力していると非難され、制裁を受けています。

米軍統合参謀本部議長のチャールズ・ブラウン大将は2024年4月17日、米下院の公聴会で、ウクライナ紛争に関して中国がロシアにいかなる軍事援助もしていないことを認めました。彼は「中国はロシアの侵略行為を非難していないだけだ」と述べています。しかし、アメリカやヨーロッパは最高レベルで北京に圧力をかけ、反ロシア制裁を無視することは許しがたいことだと繰り返し批判しています。

中国は自国の主権に干渉するこのような試みに断固として反対しています。中国はロシアが特別軍事作戦を開始した理由を理解しているのです。

しかし、中国は何よりも自国の国益のことを考えています。中国指導部は、欧州での軍事衝突が破壊的な対立にエスカレートする可能性があると見ています。そうなれば、中国の経済発展が深刻な影響を受け、中国にとって死活的に重要な公的・社会的問題を解決する基盤が揺らぐ恐れがあります。

中国外務省の汪文斌報道官は2024年4月26日のブリーフィングで、「NATOはウクライナ危機に対して取り返しのつかない責任を負っている。NATOは自らの役割を反省し、責任転嫁をやめ、紛争の政治的解決のために効果的な行動をとるべきだ」と述べました。

ロシアの軍事的、政治的、経済的努力は、アメリカのエリートたちを苛立たせています。

その苛立ちが感情的で唐突な、ときに思慮の浅い対中国政策につながっているのです。

台湾や南シナ海への対応

東郷　パノフさんが指摘されたように、中国経済は必ずしも調子が良いわけではないので、経済制裁を解除したいという思いもあると思います。

パノフ　中国はロシア市場への自国製品のアクセス拡大や自由化、ロシアのエネルギー資源供給の増加から大きな恩恵を受けていますが、アメリカの反ロシア制裁によってかなりの損失を被っているのも事実です。

２０２４年に入ってから、中国がロシアと西側の対立を平和的に解決するための取り組みを強化しているのは偶然ではありません。中国の特別代表である李輝前駐ロシア大使は、モスクワやキエフ、さらに多くのヨーロッパ諸国を訪問し、中国の和平プランを説明しています。しかし、ロシア指導部がこれを肯定的に評価したのに対して、ウクライナ指導部はおよそ外交的とは言えない言葉使いで提案を拒否しました。

東郷　中国経済は実際どれくらいダメージを受けているのでしょうか。

パノフ　中国税関総署によると、２０２４年３月に中国からロシアへの機械や設備及び部品の直接供給は、前年同月比で15％減りました。２０２２年12月は、前年同月比で11％の減少でした。

中国からロシアへの自動車やトラック、トラクター及びその部品の輸出額も、２０２４年３月は前年同月比で20％近く減少し、14億ドルでした。減少の理由は、アメリカがロシアと取引する金融機関に対して制裁を科すと脅したので、それを避けるためだと思われます。

中国は平和の仲介者として行動すると同時に、世界の大国としての地位を確立し、「二つの超大国のバランサー」としての役割を担うことを望んでいます。もちろん、ロシアは中国の複雑な状況を考慮し、中国の企業や銀行がアメリカから懲罰される可能性があることを踏まえ、ロシアとの協力を制限することを理解しています。

アメリカの政治アナリストたちが指摘しているように、主に経済的・社会的問題の解決を進めざるを得ない状況では、中国指導部は平和友好的な外交路線をとり始めます。２０２４年４月、アメリカの大企業のトップが中国に招かれ、習近平国家主席と会談しましたが、このとき中国側は中国経済への積極的な投資を呼びかけました。

ロシアは台湾問題にせよ南シナ海の分割争いにせよ、中国とアメリカの直接的な対立には関与しません。問題は、中国とアメリカの軍事衝突が予測不可能な結果をもたらしかねないこと、アジア太平洋地域やロシア極東に破壊的な影響をもたらす恐れがあることです。

さらに、それがロシアと中国の貿易・経済協力に極端に否定的な影響を及ぼしかねないということも考慮に入れなければなりません。

ウクライナの敗北は明らか

東郷　西側はウクライナ支援を続けていますが、もはやウクライナが勝利できると思っているようには見えません。

パノフ　西側の政治コミュニティはウクライナの敗北が明らかであるにもかかわらず、西側の援助によって２０２５年にウクライナが新たな反転攻勢を開始できると判断していました。２０２４年５月初旬にもサリバン国家安全保障補佐官が同じことを言っていました。そのため、アメリカはウクライナ支援に６１０億ドルを拠出することを決定しました。イギリスは毎年30億ドル、ＥＵも毎年50億ドルを拠出します。

その一方で、支配的とは言えませんが、別の見方もあります。フランス国際戦略関係研究所のパスカル・ボニファス所長は、ウクライナにおける西側の利益は死活的に重要なものかと問い、こう答えました。「重要ではない。私たちが問わなければならないのはこうだ。失われた領土を取り戻し、ゼレンスキー大統領が掲げる戦争の目標を実現する可能性はあるのか。それとも、我々はずっとあとになって、さらに多くの人が死んだあとに休戦条約に同意せざるを得なくなるのか。」

ボニファス氏は、時間がたってから休戦条約を結んでも西側諸国にとって何の利益もないと確信しています。彼はこうも述べています。「今日でも停戦に持ち込むことは可能だが、ずっとあとになって同じ条件で停戦が実現するなら、西側に対する信頼はさらに失われる。これ以上命が失われることをどうやって防ぐかを考えなければならない。」

ＮＡＴＯ首脳部でさえ、ウクライナがロシアに長く立ち向かえる見込みはないと考えています。２０２４年４月18日、ＮＡＴＯのストルテンベルグ事務総長は「ウクライナには武器も人員も十分に補充されていない」と述べ、戦場で死にたくないと考えているウクライナ人が増えているという認識を示しました。

トランプ再選に対する期待はない

東郷　ロシアではアメリカ大統領選の行方はどう見られていますか。

パノフ　２０２４年2月8日、プーチン大統領はアメリカのジャーナリスト、タッカー・カールソン氏のインタビューで、ロシアにとってバイデン氏とトランプ氏のどちらがアメリカの大統領候補としてふさわしいかという質問に対して、次のように答えました。

「それは指導者の人格の問題ではなく、エリートたちの気分の問題です。もしアメリカ社会の中でどんな対価を払ってでも、力ずくでも支配しようという考えが優勢なら、何も変わりません。しかし、客観的な状況は変わりつつあります。アメリカが現在持っている利点を生かし、変化する世界に適応していく必要があると認識できるなら、何かが変わるかもしれません。」

プーチン大統領はここでアメリカのロシアに対する原則的態度について語っています。ロシア指導部は特別軍事作戦のいかんにかかわらず、アメリカがロシアを敗北させるか、疲弊させる路線を変更することを期待していません。この見方はロシアの政治家、政治学者、企業代表、メディアの間で広く共有されています。

東郷　興味深い指摘です。ロシアのエリートたちの根深い対米不信を感じます。

パノフ　ロシアとアメリカの関係が悪化したのはトランプ政権時代からだと指摘されています。トランプ政権は対ロシアと対中国という二重の封じ込め政策を実施しました。アメリカの国防費は増額され、アメリカの同盟国も軍事予算の増額を求められました。

また、アメリカはいかなる軍備管理義務も拒否しました。中距離核戦力全廃条約を失効させ、オープンスカイ条約からも脱退しました。外交闘争が開始され、ロシア領事館事務所は閉鎖、外交官の定員削減と追放が行われました。

侵略と占領の歴史

東郷　アメリカとの関係改善を期待しないとすると、プーチン大統領はどのようなロシアを目指しているのでしょうか。

パノフ　それはプーチン大統領の発言から読み取ることができます。2024年5月9日、1941年から1945年の大祖国戦争の勝利記念日に行われた軍事パレードで、プーチン大統領はロシアの外交政策の基本目標を示しました。そこで、「ロシアはいかなる国家や同盟の優越性も拒否する。ロシアは世界的な衝突を防ぐためにあらゆることを行う。誰もロシアを脅かすことは許されない」と述べました。プーチン大統領はウクライナで特別軍事作戦に従事している人たちは、我々の歴史的な土地を解放し、独立させるために戦っていると考えているのです。

ロシアが特別軍事作戦を展開する理由を理解するには、ロシア国家とロシア国民の歴史に関する最低限の知識が必要です。そこで、完全とは言い難いですが、ロシアの歴史にとって重要な出来事を示したいと思います。

ロシアは歴史的に国家及び民族そのものが滅亡の危機にさらされることが何度もありました。ロシアは多民族国家として何世紀にもわたって形成されてきました。古代から東ヨーロッパ平原に定住しており、東スラヴ人が多数を占めていましたが、その中心はロシア人でした。ウクライナ人やベラルーシ人もいましたが、ロシア人が徐々にこの地域の民族的指導者となりました。そうやってキエフを中心とする古代ロシア国家が形成されたのです。歴史的文献では「キエフ・ルーシ」と呼ばれています。その後、ロシアの中心はドニエプル河畔から北東に移り、モスクワ公国をつくりました。

ロシアは常に敵にさらされていました。南からは武装したハザール人やポロヴェッ人、西からはポーランド人やリトアニア人、北からはスウェーデン人、東からはモンゴル人やタタール人が攻めてきました。その結果、ロシアの土地は占領され、たとえばドニエプル川の両岸ではロシアの領土やロシア文明そのものが消滅の危機に瀕しました。13世紀から15世紀にかけてモンゴル・タタールが植民地支配した時代はよく知られています。

絶え間ない軍事的脅威と危険は、ロシア国民に自分たちの安全を確保することが何よりも重要であり、それは国民全体の団結と強力な中央集権的国家のもとでのみ達成できるという遺伝的規範を植えつけました。

民族統一の日

パノフ　ロシアは現在、17世紀初頭に外国の侵略から解放されたことを記念し、11月4日を「民族統一の日」として祝日にしています。ロシアではこの時期は数十年にわたる動乱の時代として知られています。要するに内戦の時代です。封建領主と農民の間の社会的闘争が激しくなり、都市住民と貴族、大地主との間の権力争いも激化しました。これによって中央権力が弱体化します。国土は分裂し、各地に住民によって選ばれた独自の統治体が誕生しました。国家統治体制が崩壊しつつあったのです。

そこから皇帝の座をめぐって熾烈な争いが始まりました。この状況を利用したのがポーランドでした。ポーランド王はポーランド軍をモスクワに進軍させ、ロシアを征服しようとしました。

1610年9月、ポーランド軍はモスクワに入城し、クレムリンを占領しました。ポーランド王は自分をロシア皇帝として承認するように要求しました。まさにロシアは国家滅亡の危機に直面したのです。北方でもスウェーデンがロシアと対立し、ノヴゴロドを占領していました。

こうした中でロシアを救ったのは愛国的な民族解放運動でした。その中核を担ったのは、都市住民や商人、職人、貴族の一部といった中間層です。

また、侵略者と戦い、ロシア国家を復活させるためには民衆の力を結集させることが不可欠ですが、その際に大きな役割を果したのは正教会でした。正教会の奉職者たちは、ロシア正教の信者たる皇帝を中心にロシア国家を再興することを呼びかけたのです。

その結果、何千人ものロシア人が私財を投じて国民軍を組織し、蝋人形のようなポーランド軍を倒してモスクワを解放しました。

こうして動乱の時代は終わりました。そこからロシアは経済活動と国防力を復活させていきます。しかし、何よりもまず国家制度全体を新たに構築しなければなりませんでした。

１６１３年、ロシア全領主から選出された代表者会議で、ロシア貴族のエリートであったミハイル・ロマノフが皇帝に選出されました。これにより、国の復興、主権の確立、国家の統一、ロシアの歴史的発展が始まりました。こうしてロマノフ王朝は１９１７年の革命まで３００年以上にわたってモスクワを支配することになったのです。

ナポレオン軍を撃退

東郷　ロシアは領土が目まぐるしく変化しています。これは比較的領土が安定していた日本人には実感しづらいところがあります。

パノフ　16世紀末、ポーランドとリトアニアはロシア領の多くを支配しました。その中にはドニエプル川右岸と左岸、そしてキエフも含まれていました。

１６８６年、ポーランドとの１００年にわたる敵対関係の末、「永久平和」が署名されました。ポーランドはドニエプル左岸をロシアの支配下に移すことに同意し、キエフをロシアに永久に割譲しました。ドニエプル右岸のウクライナは長い間、トルコまたはクリミア・ハンの支配下にありました。ウクライナの土地の一部はポーランドに移りました。18世紀末、ロシアとプロイセン、オーストリアの間でポーランド分割が行われ、ポーランドは国家として消滅しました。ベラルーシ全体とドニエプル右岸のウクライナはロシアに分離されました。これらの領域はかつて古代ロシアに帰属していましたが、ロシア帝国の一部として再統合されたわけです。

1783年、ロシアは長年の敵であったクリミア・ハン国を鎮圧し、クリミアを併合しました。その後、ノヴォロシアと呼ばれる南部の併合地が急速に開発されます。これらの無人の土地に最初に訪れたのはロシア人入植者でした。セヴァストポリやヘルソン、ニコラエフ、エカテリノスラフの都市建設が次々に始まりました。こうして18世紀末からクリミアはロシアの領土となり、ロシア帝国によって探査と開発が行われたのです。

ロシアの歴史の教訓は、民族愛国的な力に依拠した強力な中央権力だけが、独立や主権、国家統一を守り、国家の復活を保障することができるということです。

1812年にはナポレオンの大軍がロシアに侵攻しましたが、ロシアはこれを退けます。ナポレオン軍にはフランス人だけでなく、イタリア人やオーストリア人、ポルトガル人、スペイン人、スイス人、ポーランド人など、多くのヨーロッパ諸国の軍隊が含まれていました。彼らを撃退できたのは、ロシア民族が愛国心をもって立ち上がったからです。それゆえこの戦いは民族の偉大なる戦争、すなわち「祖国戦争」と名づけられたのです。

ヒトラーとの戦い

東郷　ロシアの歴史にとって極めて重要なのはナチスとの戦いです。

パノフ　１９４１年から45年にかけて、ロシアはヒトラー率いるドイツと戦いました。ロシア民族とソ連の一部であった他の民族は、より一層愛国心と自己犠牲の精神を発揮しました。この戦争は「大祖国戦争」と呼ばれています。１８１２年と同様、ドイツ軍にはハンガリーやイタリア、ルーマニア、スペイン、フランスなど、ドイツに征服された国やドイツと同盟を結んだ国の軍隊が含まれていました。

こうした事例は、ロシアがヨーロッパ諸国を奴隷化しようとして攻撃したのではなく、ヨーロッパ諸国がロシアを征服するために侵略してきたことを示しています。また、ナチス・ドイツはロシア国家だけでなく、ロシア民族の消滅も狙っていました。

東郷　ロシアはヨーロッパ全体から攻撃を受けたことが何度もあるわけですね。

パノフ　有名なイギリスの歴史家トインビーは次のように述べています。「ロシア軍が西側の地で戦争したことは事実だが、彼らはいつも、終わりのない内輪揉めをしている西側諸国の一つ、同盟国としてやってきていた。キリスト教の二つの宗派の何世紀にもわたる争いは、おそらく、ロシア人は侵略の犠牲者であるが、それよりもはるかに多くの場合、西側の人々が侵略者であるということを反映しているだろう。」

ドイツのオットー・フォン・ビスマルク宰相は、ロシアに武力行使をしてもロシアを打ち負かすことはできないと警告し、この強大な国家に立ち向かうには別の方法をとったほうがいいと述べました。「ロシアの力を破壊できるのは、ウクライナをロシアから引き離し、一つの国家の中で二つの民族を戦わせた場合だけだ。ウクライナのエリートの中から裏切り者を見つけ出して育成し、彼らの力を借りてウクライナの自己認識を変える必要がある。そうすれば、ウクライナ民族はロシアのすべてを憎むようになる。あとは時間が解決するだろう。」

ソ連崩壊後、アメリカはビスマルクの言った通りの戦略をとり、ウクライナに反ロシア国家をつくり上げました。アメリカの著名な政治家であるズビグネフ・ブレジンスキーは、ウクライナなしにはロシアは弱い地域国家になるので、ロシアがウクライナを同盟国とする可能性を奪うことが特に重要だと考えていました。

同じくアメリカの著名な政治家であり政治学者でもあるヘンリー・キッシンジャーは、

ロシアが特別軍事作戦を開始したあと、次のように語っています。「今日のアメリカでは古典的な外交が無視されている。傑出した政治指導者もおらず、彼らの行動のせいで世界は大規模な戦争の入り口に立たされている。現代の国際政治の危機は、少なくとも部分的にはアメリカ自身が引き起こしたものだ。アメリカ政府はこの危機からどう脱するかを考えもせずに行動している。」

また、キッシンジャーは、ウクライナでの戦いはロシアとアメリカの政治対話が失敗したために起こったと結論づけ、次のような認識を示しています。「プーチンは素晴らしい外交分析能力を有する人物だ。西側諸国は安全保障に関するプーチンの懸念に注意を払うべきだった。ウクライナの中立的立場とＮＡＴＯ非加盟を求めるプーチンの声に耳を傾けるべきだった。アメリカの支配層には、外交政策を宿敵との個人的な対決と見なし、正義の名目のもと敵を説教しようとする悪い癖がある。相手側にも理由があることを理解しようとしないのだ。」

東郷　ビスマルクにしてもブレジンスキーにしても、それぞれの立場から今日のウクライナ戦争を予見していたわけですね。キッシンジャーの分析も実に見事です。いまこそ彼らの意見に耳を傾けなければなりません。

ロシアの未来像

東郷　ウクライナ戦争の結果、国際秩序は大きく変化しつつあります。ロシアは新しい国際秩序をどう考えていますか。

パノフ　ロシアは特別軍事作戦で、プーチン大統領が当初設定した目標に加え、長期的な目標も達成しようとしています。具体的には、欧州だけではない新しい集団安全保障システムを構築することです。

欧州安全保障協力機構（ＯＳＣＥ）が設立されて以来、欧州の安全保障はこのシステムに基づいて構築されてきました。もともとロシアはこのユーロ・アトランティック・モデルを基礎とし、新たな歴史的状況に照らして改革を進めることが必要だと考えていました。しかしソ連崩壊後、これが実現不可能なことが明らかになりました。

いまロシアはユーラシア大陸を一つの大陸と捉え、ユーラシア安全保障システムを構築することを提案しています。ラブロフ外相が述べたように、モスクワと北京はすでにそのような構想について話し合いを始めています。

ロシア指導部は未来をどう見ているのでしょうか。

プーチン大統領は２０２３年10月5日、ヴァルダイ国際フォーラムで講演し、ロシアの未来の世界像と国益について次のように説明しました。

ロシアは独裁と暴力の原則を公言する人々に断固として反対します。ロシアは万人のために平等と正義を保証する国際秩序を支持します。すべての国家の利益のために普遍的な安全保障を確立し、ブロック化や植民地時代の遺産から国際関係を解放することが重要であると考えています。多極化した世界は、多様性と集団的意思決定に基づいて構築されるべきです。

また、国連は変わらなければなりません。世界でますます重みを増している国を安全保障理事会に加える必要があります。その中にはインドやブラジル、南アフリカが含まれます。世界の急激な変化にともない、国際法もそれに沿ったものに変えていく必要があります。

そのような世界秩序を築くには、多くの時間と努力が必要です。現時点では、アメリカと西側諸国は自らの利益を守ることを優先し、世界の多極化に対応する準備ができていません。

欧州はその主権をほとんど失い、アメリカに従属する立場に甘んじています。欧州のエリートは、自分たちの中から自国の国益のために戦える指導者を生み出せなくなっています。欧州はロシアを囲い込み、事実上「新たな鉄のカーテン」を降ろそうとしています。

これがロシアの現状認識です。

第10章　日本が解決すべき課題

グローバルな役割とは

東郷　パノフさんは長らく駐日ロシア大使を務め、日本のことに精通しています。日本は新しく生まれつつある世界秩序の中でどのように行動していくと思いますか。

パノフ　日本は安倍政権時代、ロシアとの関係強化を進めていましたが、ロシアが特別軍事作戦を始めたあと、その路線を放棄し、米欧の反ロシア戦略と完全に連帯しました。また、日本は世界情勢の中でグローバルな役割を果たすと主張し始めました。2023年1月13日の日米首脳会談で、バイデン大統領は世界において日本がリーダーシップをとることを提唱しました。また、岸田首相は翌年4月にワシントンを公式訪問した際、日本のグローバルな役割について語り、日本はもはやアメリカの地域的なパートナーではなく、グローバルなパートナーであると強調しました。

しかし、日本が言うグローバルな役割が具体的に何を意味するかは明らかにされていません。日本はアメリカの世界戦略に全面的にしたがい、可能な限りそれに関与するつもりでしょうか。

とはいえ、岸田首相の公式声明と日本政府の具体的な行動を分析すれば、日本の掲げるグローバルな役割の中核をなす軍事政策の方向性が見えてきます。

日本の戦略の中心的かつ最も重要なものは日米同盟です。日本はアメリカ主導のＧ７と完全に連帯しています。２０２４年４月の公式訪米で、岸田首相はバイデン大統領に日本の防衛強化策を説明し、了承を得ました。日米は軍事的な協力と協調を進め、ミサイルを含む兵器の共同開発や共同生産を行う新しい機構を設立し、日本企業がアメリカの船舶や航空機の補修を行うことで合意しました。

また、岸田首相は欧州とアジアの切っても切れないつながりを強調することで、Ｇ７においてで唯一のアジアの国として、日本がインド太平洋地域におけるアジアの利益の案内人であるという印象を与えようとしました。

岸田首相は「今日のウクライナは、明日の東アジア」というスローガンを掲げることで、Ｇ７と連帯することがいかに重要であるかを示し、この目標達成の推進力となってきました。このことは、日本が西側諸国のクラブにおいてより重要で名誉ある地位を確立し、アメリカとの同盟関係をより対等なものに近づけ、日本の国際的地位を高めることになると考えられています。

中国封じ込め政策

東郷　日本にとっても最大の関心はやはり中国問題です。日本の対中国政策をどう見ているか改めて教えてください。

パノフ　日本はアメリカの対中国戦略に協力しています。アメリカは中国を封じ込め、インド太平洋において存在感を維持しようとしています。アメリカはワシントンに忠実な国を集め、格子状の同盟関係を形成し、中国を孤立させようとしていますが、日本もこの戦略に積極的に参画しています。これを進める際には、日米が一緒に行動することもあるし、日本だけで動く場合もあります。

２０２４年４月10日の公式訪米の際、岸田首相はバイデン大統領とフィリピンのマルコス大統領の三者で初めて会談を行いました。議論の中心は中国問題で、南シナ海における中国の行動は危険で攻撃的であるとされました。

バイデン大統領は日本とフィリピンの防衛義務に対してアメリカが強くコミットするこ

とを再確認しました。また、同年に3カ国の沿岸警備隊による共同パトロールを実施することで合意し、協力水準を高めるためのメカニズムを確立することも約束されました。中国外務省は、反中国的な「トロイカ」を厳しく非難し、中国を封じ込め、地域の緊張を煽ることに断固反対すると強調しました。

　2024年3月19日と20日には、日本は第2回「日本・太平洋島嶼国国防大臣会合」を開催しました。第1回が開催されたのは2021年でした。

　会合にはフィジーやパプアニューギニア、トンガという太平洋島嶼国3カ国から閣僚級が参加しました。彼らはともに軍隊を持っています。また、軍隊を持たない島嶼国11カ国の政府高官も出席しました。パートナー国7カ国、すなわちオーストラリア、カナダ、チリ、フランス、ニュージーランド、イギリス、アメリカの代表も招待されました。

　最も重要な議題は安全保障、特に海洋安全保障であり、漁業や越境犯罪、気候変動などについても議論されました。日本は防衛大学校に太平洋島嶼国の学生を受け入れて訓練をする用意があると述べ、いくつかの国に巡視船を提供することを約束しました。

　日本では中国が安全保障や経済などの分野でインド太平洋地域で影響力を拡大していることに懸念が高まっています。同様の懸念は、アメリカやオーストラリアも表明していま
す。中国が国防大臣会合に招待されなかったのは、この懸念のあらわれです。

南太平洋諸国をめぐるアメリカと中国の競争激化は、これまで平和だったこの地域を不安定化させかねません。

しかし、日本はアメリカやイギリス、オーストラリアの同盟に参加するプロセスをどんどん進めています。水中ドローンの開発や軍事目的のハイテク・プロジェクトにも参加しています。アメリカやインド、オーストラリア、日本からなるＱＵＡＤでも、日本はインドに対して中国やロシアにより厳しい姿勢をとるよう促しています。もっとも、これはいまのところあまり成功していませんが。また、２０２４年５月上旬にはアメリカ、日本、オーストラリア、フィリピンの国防相がハワイで会談し、南シナ海で４カ国の艦隊による共同作戦を実施することを決定しました。

一方、日本独自の政策としては、東南アジアの主要国との関係や協力を発展させ、海洋安全保障に関する相互協力協定を締結しています。

２０２３年２月、岸田首相とフィリピンのマルコス大統領は東京で会談し、自然災害や人道災害を除去するため、日本の自衛隊とフィリピン軍が合同演習を行うことを認める協定に署名しました。また、日本はフィリピンに日本の装備品と技術の供給を増やすことを約束しました。

同年１月には、日本はインドとともに、航空自衛隊が運用するＦ―15戦闘機とインド空軍が運用するＳＵ―30戦闘機を使用した初の合同演習を実施しています。

ＮＡＴＯの限界

東郷　日本はアメリカだけでなく、ＮＡＴＯとの関係も強化しています。

パノフ　日本の外務省は日本外交に関する年次報告書「外交青書」を発行していますが、その２０２３年版では、日本はＮＡＴＯと共通の中核的価値観と戦略的利益を共有するとされ、ＮＡＴＯとの戦略的パートナーシップを強化する方針が強調されています。

２０２３年７月12日、岸田首相はリトアニアで開催されたＮＡＴＯ首脳会議にパートナー国として出席し、「日・ＮＡＴＯ国別適合パートナーシップ計画」に合意しました。この計画は、新たな安全保障の課題と従来からの課題、協力の強化、基本的価値の促進という四つの優先協力分野について規定しています。これらは具体的には、サイバー防衛や戦略的コミュニケーション、科学技術など16の協力分野から構成されています。

しかし、軍事同盟としてのＮＡＴＯが、日本の安全保障の助けになることはほとんど考えられません。せいぜい、軍艦の相互訪問や合同軍事演習、諜報情報の共有くらいです。

２０２４年５月に岸田首相はフランスでマクロン大統領と会談し、インド太平洋地域における緊張の高まりに対して軍事協力を進め、中国を抑止する戦略の一環として共同演習を強化することで合意しました。このような取り決めや、NATO指導部が日本との協力を含めインド太平洋地域で役割を果たすと公けに発言していることに対し、中国は反発しており、日中関係を深刻化させる要因の一つになっています。

アメリカの「人質」

東郷　日本はアメリカなどとの関係を強化するだけでなく、自国の安全保障体制も強化しています。2022年末には国家安全保障戦略、国家防衛戦略、防衛力整備計画を決定しました。

パノフ　2022年12月16日、日本政府は新たな国家安全保障戦略を採択しました。日本周辺の情勢が急激に悪化していることを踏まえ、日本の対外政策、対内政策を規定し直したわけです。ここでは、ロシアの特別軍事作戦という世界レベルの問題と、台湾海峡や東シナ海、南シナ海で中国の活動が活発化し、北朝鮮による核ミサイルの潜在能力が増大しているという地域レベルの問題が、日本にどのような脅威を与えているかが示されています。

しかし、もともと日本は中国との建設的で安定した関係を構築する意向を表明していたはずです。その実現に向けて踏み出そうとせず、反対にアメリカの反中国政策を露骨に支持しているのです。

中国は日本の軍事政策を注意深く分析しています。もし日本が中国の安全保障に対して真の脅威になりうるなら、極めて厳しく反応するでしょう。

また、北朝鮮政策に関して言うと、日本が実行しているのは、北朝鮮の核ミサイル計画やミサイル発射を批判したり、アメリカや韓国と連帯行動をとることくらいです。しかし、朝鮮半島で韓国と北朝鮮が軍事衝突した場合、米軍が参戦し、在日米軍基地が北朝鮮のミサイル攻撃の標的になる可能性があると予測されています。

要するに、日本は中国や北朝鮮と対立するアメリカの「人質」になっているということです。北京も平壌も日本の軍事力には関心がありません。米軍が参戦し、自衛隊がそれに巻き込まれた場合にのみ、日本の米軍基地や自衛隊が攻撃対象になりうるのです。

日本は政治の世界でも軍事の世界でも、現状の軍事力では国家の安全を十分に確保できないという認識を持っています。したがって、自衛隊は敵の攻撃を撃退しつつ、米軍が救援に来るまで敵を食い止めることを想定しています。

国家安全保障戦略では、アメリカとの同盟は依然として国家安全保障政策の礎石であるが、日本の防衛の第一義的な責任は日本自身にあると強調されています。自国の軍事力を強化することは、常に日本の支配エリートの政治課題とされてきました。

支配エリートの一部はナショナリズムに基づき、軍事面を含めアメリカに過度に依存することから脱却し、対等な関係を築くために軍事力を強化することに賛成してきました。ただ、いくつかの例外を除いて、そのことを大っぴらに語ることは避けられています。

軍産複合体をつくるのか

東郷　岸田政権は防衛費を倍増しました。戦後の日本では驚くべき政策です。これについてはどう受け止めていますか。

パノフ　国家安全保障戦略は2027年までにGDPの2％を国防費にあてる、すなわち支出を倍増させることを想定しています。これらの資金があれば、自衛隊は近代的な武器を確保し、弾薬などの物資の備蓄を大幅に増やして持続的な戦闘能力を維持することが可能になります。また、日本の兵器メーカーも潤うことになります。

しかし最大の目的は、日本へのミサイル攻撃が可能な敵基地に対して、日本がミサイル攻撃をするための能力を開発することにあります。

現在、自衛隊は旧式の戦車とディーゼル電気潜水艦、第4世代戦闘機を保有しています。巡航ミサイルを搭載できる新世代型「たいげい」は現在3番艦が就役したとされ、増産計画があるとも報じられています。F―35戦闘機の購入資金も割り当てられました。イギリス、イタリアと協力して第6世代戦闘機を開発することも決まっています。また、護衛艦がミニ空母へ改造されることになっています。さらに、海上自衛隊はミサイルシステムを搭載したイージス護衛艦8隻を保有しており、これを12隻にすることを目指していると報道されています。

防衛省は2026年までに射程最長1000キロの能力向上型のミサイルと極超音速の島嶼防衛用ミサイルを開発・製造するため、三菱重工と3800億円の契約を結びました。しかし、日本に軍産複合体は存在しません。大企業・財閥が武器生産に従事しているとはいえ、その数は限られています。多数の中小企業と連携はとっていますが、最近では撤退する企業も出てきています。その理由は、シリーズ製品が少なく、受注が不安定で、収益性が低いからです。このような状況を改善するため、防衛省は2023年度予算に400億円の軍事生産・輸出支援基金を計上しました。

国家安全保障戦略には、日本が十分なミサイル防衛力を有していないとの認識が示されています。陸上配備の迎撃ミサイルを放棄して海上配備の迎撃ミサイルに切り替えても、日本は質的にも量的にも効果的なミサイル防衛を行うことができません。海上配備では全天候型のミサイル迎撃を持続的に行うことができないからです。陸上配備されているPAC—3パトリオットミサイル34基では、ごく限られた地域や施設をカバーするだけで精一杯でしょう。

敵基地攻撃能力の本質

東郷　パノフさんが指摘されたように、日本で最も物議を醸しているのは敵基地攻撃能力だと思います。これは相手に対する先制攻撃になりうるとして、憲法との関係でも議論になりました。

パノフ　国家安全保障戦略ではミサイル防衛に重要な意義は与えられていません。そうではなく、日本領土にミサイル攻撃があった際に、敵基地に対して直接反撃することで敵の攻撃を払いのけることに重点が置かれています。

ミサイル攻撃を受けた場合、日本はさらなる攻撃を予防するために効果的な反撃能力を持たねばなりません。同時に、迎撃ミサイルで敵のミサイルから身を守ることも必要です。こうした状況を想定し、反撃能力を持つこと自体が、武力攻撃に対する抑止力になるとされているわけです。

ただし、先制攻撃、すなわち相手の武力攻撃が行われていない段階で日本が武力を行使することは依然として許されないと強調されています。そのため、単にミサイル攻撃を準備しているにすぎない基地に対して予防的に先制攻撃することはできないと思われます。

しかし、与党内には予防攻撃を支持する人たちもいます。全体として見れば、日本はこの問題に関してまだ最終的な決定をしていません。敵基地へのミサイル攻撃がいつどのように行われるかを明らかにすれば、日本に危害を加えようとする国に利用される可能性があるので明言しないというのが日本の立場です。

日本政府は自らの判断でミサイル攻撃を行うと主張していますが、アメリカの情報がなければ敵のミサイル・コントロール・センターや基地を突き止めることができません。したがって、アメリカが日本のミサイル攻撃に関して拒否権を持つことは明らかであり、これは米軍も認めています。

アメリカの専門家によれば、日本が保有する中距離ミサイルは日本製とアメリカから購入した400発のトマホーク・ミサイルです。しかし、これでは日本が期待するような効果は得られません。中国が2000発以上の中距離ミサイルを保有していることを指摘すれば十分でしょう。

軍事力に大きな変化はない

東郷　日本の新しい安全保障戦略をどう総括しますか。

パノフ　日本の国家安全保障戦略と軍事力強化からは、以下の結論を導き出すことができると思います。

日本の中期防衛力整備計画では今後5年間で3200億ドルの資金が割り当てられることになっています。しかし、これは日本の軍事力に重大な変化をもたらすほどのものではありません。このうち少なくない資金が、現在人員不足となっている自衛隊員の人件費に使われます。自衛隊員は充足数24万7000人に対して1万4000人も不足しています。

そもそも予定されている増税や企業への課税、国債の発行だけでは、すべての防衛計画を十分に実施できないでしょう。

国家安全保障戦略の中では、ロシアは欧州方面において安全保障上の最も重大かつ直接的な脅威であり、インド太平洋地域においても安全保障上の強い懸念要因であるとされています。しかし、いわゆる北方領土や日本領に近い海域・空域でロシア軍が軍事活動を行うことを批判したり、それに対してロシア領の近くで報復演習を行っていることを除けば、日本はロシア方面への軍事政策を大きく変更していません。日本の軍事専門家は、ロシア軍の主力は特別軍事作戦に動員されており、日本の安全保障を脅かすような行動をとることを考慮する必要はないと見ているようです。

しかし、日本がロシアと中国の戦略的関係の強化、具体的には軍事分野におけるロ中関係の強化に深刻な懸念を抱いていることは確かです。日本列島近くで行われている両国の海軍・空軍の演習などがそうです。これは明らかに日本を牽制する目的を持っています。日本はロシアとの関係を急激に悪化させており、また中国との関係を進展させるための明確な戦略を持っていません。その結果、安倍首相が警告していたように、反日を基礎とするロシアと中国の接近を許してしまったのです。日本はすべての政治的・軍事的な側面で、アメリカの戦略、現段階ではバイデン政権の戦略と完全に連帯したことで、国際社会においてアメリカに直接的に従属してしまったということです。

日本独自の戦略が必要

東郷　日本では日米同盟は非常に重要なものだと見られていますが、その一方でアメリカが本当に日本を守ってくれるのかどうか疑問がないわけではありません。

パノフ　日本の政府関係者の間ではロシアや中国との対立という点で、アメリカの戦略が長期的のみならず短期的にも安定をもたらすかどうか懸念が高まっています。これはトランプ氏が大統領選で勝利し、アメリカが新たな外交政策路線を打ち出す可能性を念頭に置いたものです。

２０２４年4月11日、岸田首相はアメリカを公式訪問して議会で演説し、アメリカが世界における指導的役割を継続すべきだと強調しました。その際、彼は一部のアメリカ国民が心の中で、世界における自国のあるべき役割について疑念を持っていることを感じると述べました。日本の総理大臣が公式の場で、アメリカ国内で政策をめぐって対立があることに批判的に言及したのは初めてのことです。

専門家はこれについて、日本の政界ではトランプ氏は予測不能で信頼できない相手であると評価されているので、日本はトランプ氏が大統領選で勝利するのを見たくないと示唆したのだろうと述べています。しかし、トランプ氏が再選した場合、彼はもう選挙のことを考える必要がなくなるので、さらに予想不能な行動に出ると考えられます。

岸田首相は大統領選挙後もアメリカの対日政策とインド太平洋戦略に変更がないことを確約してほしかったのでしょう。日米共同声明には、日米両首脳が法の支配に基づく自由で開かれた国際秩序を堅持・強化し、日米両国及び世界の利益のためにグローバルなパートナーシップを構築すべく、あらゆる領域及びレベルで協力していく旨が記されました。

しかし、いくら日米共同声明を採択したところで、新しい大統領が誕生すれば、すぐにその共同声明は忘れられてしまうでしょう。それはよく知られているところです。

以上のことから、日本はアメリカの政策にばかり依存するのではなく、独自の戦略を構築することが急務です。

日本が果たす役割

東郷　戦後の日本外交では常にアメリカとどういう距離感を持つかが問題になってきました。

パノフ　戦後日本の外交構想の創始者である吉田茂は、最初の段階では、戦争で敗北した日本は日米同盟の中で従属的な立場に立つしかないが、経済力を回復させ、力を取り戻せば、国益を考えて自主的な政策をとるようになるだろうと述べました。

しかし、日本が自主外交をとることはありませんでした。その理由の一つは、アメリカが日本の政策にあらゆる影響力を行使し、日本が独立することを許さなかったからです。

もちろん、独自の外交政策を追求する動きがなかったわけではありません。1990年代後半、橋本龍太郎首相は日本の安全保障と経済発展を確かなものにするため、日本―アメリカ―中国―ロシアという正四角形の関係を形成するという構想を打ち出しました。橋本首相は日米同盟を否定することなく、日米同盟の枠内で日本の自主性を拡大しようとしたのです。

また、安倍首相は日本とロシアの関係を抜本的に改善するという構想を打ち出しました。これはロシアと中国が反日を志向して連携することを防ぐという目的もありました。しかし、この構想も実現には至りませんでした。

日本周辺に信頼できる安全保障関係を形成するという課題は、依然として極めて重要な意味を持っています。それをどのように解決するかによって、日本が新しいグローバルな国際社会の構造においてどういう位置を占めるか、地域問題のみならず世界情勢においてどういう役割を果たすかが決定されることになります。

第11章　多極化する世界

世界秩序の再構築

東郷　このインタビューもまとめに入りたいと思います。パノフさんが今日の国際状況をどのように見ているか、改めて教えてください。

パノフ　ロシアの特別軍事作戦は、第二次世界大戦後、もっと言えば冷戦終結後の最初の数十年において確立された世界秩序を全面的に見直し、根本的に崩壊させるプロセスの始まりであると言われています。しかし、このプロセス自体は以前から始まっていました。ウクライナでの出来事はそのプロセスを加速させ、今後の方向性をある程度決定づけただけです。

世界秩序を再構築するプロセスが始まったのは、ソ連崩壊からです。冷戦の勝者と自任するアメリカは、彼らの見方によれば、リベラル・デモクラシーによって国際社会の新たな構造を創造し、その指導者になることを決意しました。ブッシュ・ジュニア大統領が２００１年に「我々でない者は我々に敵対する」と言ったのは偶然ではありません。同じテーゼは、２０２４年2月のミュンヘン安全保障会議で、ブリンケン国務長官によって繰り返されました。それは、各国は既存の世界システムのテーブルにつくか、メニューに載るかの選択をしなければならない、というものです。つまり、テーブルにつかなければ食料として消費されるということです。

アメリカは自らの偉大さを信じ、自らの可能性を過大評価していました。そして、自らが確立した法と秩序にしたがって一極世界を構築し始めました。

しかし、アメリカは国際社会に自分たちのイデオロギーを押しつけることに失敗しました。アメリカン・ドリームが多くの国の賛同と支持を得られなかったことが主な原因です。

アメリカとソ連という硬直した二極世界が崩壊したあと、多くの国は覇権国の顔色をうかがうことなく、自国の主権をより断固として主張し、自国の国益のために行動し、その可能性を生かしたいと考えるようになっています。グローバリゼーションの結果、それまで世界経済の中で重要な位置を占めてこなかった国々が急速に発展し始めたのですから、なおさらです。中国やインド、ブラジル、イランなどを見れば明らかでしょう。

アメリカは彼らの政策に不満を持つ国々を、自国の軍隊で、あるいは同盟国と連合を組んで鎮圧したり（たとえばイラクやアフガニスタン）、第二線から、つまり同盟国の背後から攻撃したり（たとえばリビアやユーゴスラビアに対するＮＡＴＯ諸国の武力行使）、さらにカラー革命を利用することで、多くの国で親米政権を誕生させてきました。しかし、こうした行動は期待された効果をもたらしませんでした。アメリカの介入は至るところで破壊や混乱、不安定化、そして新たな世界的脅威の出現をもたらしました。ＩＳＩＳの出現がまさにそうです。

アメリカは唯一の超大国として残ったものの、事あるごとにその弱さを露呈してきました。アフガニスタンから米軍がパニックになりながら逃亡したことが、その最たる例と言っていいでしょう。

多極世界構想と「一帯一路」構想

東郷　アメリカは今後どうなっていくでしょうか。

パノフ　アメリカは唯一の世界的リーダーとしての役割を果たすことができず、大小を問わず世界のすべての国に、主権の尊重を基礎とする新しい世界秩序を形成するように促すことができませんでした。国際社会では、自分たちの自由な選択によって自国の問題を解決する平等な権利が保障されていないことに不満が高まっています。それが現在の世界政治において非常に複雑な状況を生み出しています。

米中央情報局（ＣＩＡ）のリチャード・バーンズ長官は２０２４年に議会で証言し、アメリカはもはや世界において無条件の支配力を持たないことを認めました。そのため、アメリカではどんな犠牲を払ってでもこの力を取り戻すことが目標になりました。

しかし、このようなアプローチをすれば、世界にグローバルな破局がもたらされることになるかもしれません。

昨今では権威主義的なアメリカのリーダーシップに賛成できない国々が、新しい公正な世界秩序を構築するための独自のアプローチを考え始めています。その一例がＢＲＩＣＳです。

ＢＲＩＣＳは過去1年間で加盟国を2倍以上に増やしました。いまや人口と経済規模で世界の多数派を占めています。まだ十分に組織化されていませんが、その主な目的は外部の圧力から国益を守ることです。ＢＲＩＣＳは世界秩序の歴史的舞台から後退しつつある既存の秩序に対する挑戦となっています。

もう一つの例は、ロシアの多極世界構想と中国の「一帯一路」構想です。これらは互いに矛盾するものではなく、十分に両立可能です。

アメリカとその同盟国は経済力と金融の力に立脚し、大規模な制裁をはじめ様々な圧力をかけることで自分たちの立場や経済的利益を守ろうとしていますが、これは異常で不公正な振る舞いです。これを排除することを可能にする具体的な行動がすでにとられているのです。

最後の帝国

東郷　今後、世界はどこに向かっていくと思いますか。

パノフ　現在、国際社会では分裂と競争、対立と矛盾が拡大しつつあります。世界秩序の将来を予測することは極めて困難であり、新しい秩序ができるまでに多大な時間と労力を要することは明白です。にもかかわらず、多極的な世界秩序に向けた動きは始まっています。

現段階では、アメリカはNATOとウクライナでの出来事を利用し、ヨーロッパ支配を維持することに全力を注いでいます。ソ連が崩壊し、NATOとワルシャワ条約機構の対立が消滅したあと、NATOの存在意義は失われました。しかし、NATOを解散させるどころか、NATOの部隊と組織をロシア領土に可能な限り近づける戦略がとられました。ロシアの安全保障に対する恒久的な脅威をつくり出し、それによって包括的な封じ込めを行うことが目標とされたのです。

NATOが崩壊すれば、アメリカは軍事面だけでなく外交面でも欧州をコントロールする強力な手段を失い、欧州大陸で米軍を維持することができなくなります。

ある意味、アメリカは世界に残された最後の帝国であり、主に欧州を支配し、アジアでは同盟国である日本や韓国、オーストラリアを支配してきました。ウクライナでの出来事は、アメリカにとってヨーロッパ支配を維持するチャンスです。彼らはこのチャンスを最大限生かすつもりなのです。

インド太平洋地域では、アメリカは意図的に朝鮮半島と台湾周辺に緊張関係をつくり出し、それを高い水準で維持しています。これはアジアの同盟国を支配するためでもあります。世界規模ではアメリカの政治力と権威はどんどん小さくなっていますが、経済的、軍事的な資源は依然として大きく、世界各地で米軍のプレゼンスが維持されています。

ロシアと西側の対立は続く

東郷　ロシアと西側の対立はどうなるでしょうか。

パノフ　結論から言うと、ロシアと西側の対立は長期にわたって続くでしょう。ロシアに対する制裁も、ウクライナ紛争がどのような形で終結するかにかかわらず、継続されるでしょう。

アメリカと欧州の中国封じ込め政策も、現在と違った形になったとしても維持されると思います。アメリカよりヨーロッパのほうが中国との経済協力に関心があるので、アメリカの封じ込め政策のほうがより厳しく、欧州のほうがより柔軟なものになるでしょう。

世界の軍事的・政治的緊張が緩和されるとは思えません。中東情勢は悪化しており、他の地域でも紛争が起こる可能性があります。国際社会は危険で不安定な状態が続いていきます。今後、緊張が拡大する可能性もあり、それを抑え込むのは極めて困難になるかもしれません。

軍事費が増大し、武器の生産は増加し、軍拡競争が進められ、軍産複合体が巨大利益をあげる一方、社会的ニーズや環境保全、気候変動、伝染病の予防や対策といった普遍的問題を解決するために配分される資源は少なくなると思います。

ロシアとアメリカ及びEUの関係は、歴史的な観点から見れば、これまでと同じレベルになることはないでしょう。それでも欧州諸国がロシアとの関係正常化を目指す可能性は否定しませんが、ポーランドやチェコ、バルト諸国などの「若いNATO加盟国」は反ロシア政策を維持するでしょう。

NATOとロシアの戦争が直近において起こるとは思いません。しかし、緊張関係は残ります。いずれ関係が改善されるときが来るかもしれませんが、それでもウクライナ危機以前には戻らず、互いに不信感が残るはずです。

近い将来、ロシア・中国・アメリカの三角形の関係が、国際関係と国際政治の発展を大きく左右するでしょう。中国とロシアはアメリカの封じ込め戦略にもかかわらず、漸進的な発展を続けています。ＩＭＦが２０２４年4月16日に発表した予測によると、中国のＧＤＰ成長率は２０２４年は４・６％、２０２５年は４・１％です。すでに中国の工業生産はアメリカの2倍になっています。また、ロシア指導部は２０３０年までにＧＤＰで世界第4位になることを目標に掲げています。

多極化した世界が生まれるまでには長い時間がかかりますし、その間に様々な同盟や連合が生まれるでしょう。それらの同盟や連合は公然と対立しなくても、自国の利益を確保するために競争し、争うはずです。これが私の近未来に関する見通しです。

おわりに　ウクライナ紛争終結への展望

アレクサンドル・パノフ

和平会議の失敗

歴史を振り返ると、軍事行動はどのような目的で行われるにせよ、一方の紛争当事者が明らかな弱点を持っていたり軍事的に失敗した場合に、戦闘は停止され、そこから和平交渉が始まります。２０２４年の秋に向けて、ロシアとウクライナの間でもそのような状況が生まれつつあります。

今年の春から夏にかけて、ロシア軍はウクライナ領土の奥深くまで一歩一歩前進し、より多くの地域を支配下に置き、ウクライナの軍事インフラに大規模かつ効果的なミサイル攻撃や爆撃を加え、ＮＡＴＯ諸国から供給された弾薬や武器を破壊しました。その結果、ウクライナ軍は多大な損失を被りました。しかし、その後もその損失は補填されず、極めて多くの重要な兵器が破壊され、部隊を支える後方インフラも決定的に破壊されました。

今年の6月15日から16日にかけて、スイスで国際的な和平会議が開催されました。ウクライナが主導し、アメリカと欧州も積極的に協力していました。

この会議は2022年11月15日に発表された「ゼレンスキー和平フォーミュラ」を基礎としています。ロシアが1991年以来ウクライナで保持している領土をすべて返還し、軍事行動によって生じた損害に対して巨額の賠償金の支払いを求めるという、いわば最後通牒でした。

しかし、この会議は最初から失敗することがわかっていました。ロシアが招待されなかったからです。ロシアなしに和平条件を話し合っても何の意味もありません。ましてやロシアに事実上の全面降伏を求めるなら、なおさら成功するはずがありません。実際、会議の参加者たちからも異論が出て、「ゼレンスキー和平フォーミュラ」が採択されることはありませんでした。

交渉を拒否するウクライナ

しかし国際社会で、ウクライナ紛争に関する和平交渉の開始について、より具体的に議論されるようになっていることは確かです。

ハンガリーのオルバン首相は軍事行動の停止を強く主張し、交渉プロセスに入る方法を見つけるために、7月2日にキエフを訪れると、7月5日にモスクワ、7月8日には北京を立て続けに訪問しました。

中国も2023年2月に和平計画を打ち出したあと、和平に向けた活動を活発化させています。中国指導部はこのままでは紛争がエスカレートすると懸念を表明しています。

中国はブラジルと共同で、和平交渉の早期開始につながるいくつかの提案を作成しています。その一つが、2024年5月23日に王毅外相とブラジル側代表で国際和平会議の開催を提案したことです。これはすべての当事者が受け入れられるような基盤と原則に基づいており、欧州で現在の危機が発生した原因を探り、その除去を目指しています。

2024年7月24日にウクライナのクレバ外相が中国を訪問し、広州市で王毅外相と会談した際、これらの点について王毅外相から説明を受けました。これに対して、ウクライナの外相はウクライナの指導者らしい反応を示しました。一方で「キエフはロシア側と交渉する意思と用意がある」と述べつつ、他方で「ロシア側が誠意をもって交渉する姿勢を示せば、交渉は行われる可能性があるが、ロシア側にそのような準備は見られない」と述べたのです。

これを受けて、ロシアのペスコフ大統領報道官は「ウクライナが交渉の姿勢を見せたことはロシアのアプローチと矛盾するものではないが、交渉は合理的で実際的な意味を持つものでなければならない。現段階では、ウクライナ側は実質的な交渉へのアプローチを明らかにしていない」と指摘しました。

「鉄壁の保証」が必要

和平交渉の内容に関するロシアの立場は、同年6月14日にプーチン大統領が明確に示しています。

すでにロシア連邦の一部となっているドネツク、ルガンスク両共和国、ザポロジエ、ヘルソン両州からウクライナ軍が撤退すること、そしてこれらのロシアへの併合を国際条約によって定着させることです。

その際、プーチン大統領は、もしウクライナが２０２２年のイスタンブールで合意された和平条約を受け入れていれば、これらの領土は特別な地位を持ったままウクライナの一部であり続けることができただろうと指摘しました。しかし、いまや状況は劇的に変化してしまったのです。

ロシアはウクライナがＮＡＴＯに加盟せず、中立、非同盟、非核のポジションを維持すること、及び非武装化・非ナチス化を約束する条約を求めています。また、紛争が終結すれば西側の対ロ制裁はすべて解除されるべきだと考えています。

その上で、ロシア政府は現在の歴史の悲劇的なページを「逆回転」させ、段階的にウクライナや欧州との関係を再構築していく用意があると表明しました。

ここで注意を払うべきは、モスクワが単純な停戦、つまり敵対行為の単なる停止には反対だということです。ウクライナは本心では停戦に合意するつもりはなく、のちに軍事作戦を再開するための時間稼ぎとして停戦を利用しようとしているだけではないかと疑っているのです。実際、これまでウクライナはそうした時間稼ぎをやってきました。

プーチン大統領は、ウクライナやアメリカ、ヨーロッパ諸国は何度もロシアを欺き、約束を守らず、突然合意を反故にしたと強調しています。したがって、ロシアはいかなる協定であれ、その実施について「鉄壁の保証」が必要であると考えています。

大統領選の行方

ウクライナ指導部は非常に複雑な状況に置かれています。一方ではロシアに敗北する可能性が高まり、交渉は避けられないという認識が広まっています。他方でウクライナ指導部は、勝つまで戦うという極右の民族主義的な政治勢力や、アメリカや欧州の指導者の意見を考慮しなければなりません。彼らはロシアに戦略的敗北を与えようとする姿勢を支持していきます。ウクライナがロシアの和平条件を受け入れることは、アメリカや欧州の戦略が崩壊することを意味するからです。

そのため、ウクライナではアメリカ大統領選挙の行方に関心が高まっています。共和党の大統領候補であるトランプ前大統領は、ウクライナの武力紛争の早期終結を支持することを何度も表明しています。

したがって、ゼレンスキー大統領が7月19日にトランプ前大統領に電話をしたのは当然です。ちなみに、ゼレンスキー大統領は今年5月に任期が満了し、新たな選挙を実施していないので、純粋に法律的に見れば大統領とは言えません。

トランプ氏はゼレンスキー大統領との会話の一部を報道陣に公開し、紛争の早期終結を支持していること、ロシアがナポレオンとヒトラーを撃破した事実を考慮するように助言したことを明らかにしました。トランプ前大統領はウクライナに明確なヒントを出したということです。

また、トランプ氏が副大統領候補に選んだバンス上院議員は、ウクライナへの多額の援助を批判し、交渉による和平の実現を求めています。

もちろん、民主党の大統領候補であるカマラ・ハリス副大統領が勝利する可能性もあります。ウクライナの指導者たちはそれを望んでいます。ハリス副大統領ならウクライナを見捨てず、バイデン政権の反ロシア路線を継続するだろうし、ヨーロッパ諸国もそれに追随すると考えているわけです。

クルスク侵攻の狙い

２０２４年8月6日、ウクライナ軍は初めてロシアとウクライナの国境を越え、クルスク地方に侵攻しました。9月初旬でも、ロシア軍はウクライナ軍をまだ完全には撃滅できていませんが、ウクライナの企図した占領目標が達成されなかったことは明らかです。この点については多くの西側の軍事アナリストや政治家も同意見です。

また、この侵略を受けてもロシア社会は結束を保っており、プーチン大統領の支持率は8割前後で維持されています。ロシア軍は全戦線で攻勢を続け、戦略的に重要な集落を含むより多くの集落を制圧しています。

全体として、ウクライナ軍によるクルスク侵攻は、ウクライナ指導部がロシアとの交渉に傾いていることをあらわしています。前線がますます複雑化しているので、この状況を打開するために自分たちに最も有利な条件をつくり出そうとしているのでしょう。そのため、彼らはアメリカと欧州諸国の全面的な支援を受け、射程を伸ばしたＮＡＴＯのミサイルを使ってロシア領土の奥深くまで攻撃する許可を得ることで、紛争をさらに拡大させようとしています。

クルスク侵攻も含め諸般の情勢から判断して、ウクライナ指導部はアメリカ大統領選挙後にロシアとの交渉態度を決めることにしたようです。現時点では、アメリカの大統領はバイデン氏であり、キエフにとって都合の良い反ロシア政策が継続されています。

ロシアは、プーチン大統領が繰り返し述べているように、アメリカ国民によって選出され、ロシアと対等に、相互に尊重し合う対話をする用意がある大統領なら、誰であれ一緒に仕事をする用意があります。また、大統領選の候補者が選挙期間中にどのような発言をしても、実際に大統領になったあとにその発言通り行動するわけではないことも十分わかっています。

それでもトランプ氏が当選すれば、少なくとも最高レベル及び高レベルでの対話が再開されるという希望をモスクワは持っているようです。ラブロフ外相があるインタビューで述べたように、最初に対ロ制裁を行ったのはオバマ大統領で、トランプ大統領のもとでも経済・外交の両面で制裁は強化されましたが、最高レベル及び高レベルでの対話は継続されていました。

11月5日に予定されるアメリカ大統領選挙が、和平交渉に向けた本格的な模索が始まる端緒になるのか、それとも武力衝突がエスカレートするきっかけになるのか。いずれにせよ、この選挙はウクライナ紛争の展望について最も重要な意味を持つものになるでしょう。

謝辞

アレクサンドル・パノフ

これまで友情を結んできた数え切れない日本の人たちに本書を捧げます。

現在、ロシアと日本の関係は大変難しい状況にありますが、そういうときだからこそ、ロシア人が何を考え、どのように感じているかをできるだけ率直に語る必要があると考えました。それをもって、数々のご厚意に報いたいと思います。

ここに私がお世話になった全員のお名前を記すことはできませんが、特に次の方々に感謝の意をお伝えします。

森喜朗元総理　森先生はプーチン大統領が最も信頼する交渉相手でした。私たちロシア人を終始一貫、友人として遇してくださいました。

鈴木宗男参議院議員　鈴木先生はどんなときもロシアとの対話を維持しつつ、日本の国益を主張してこられました。特別軍事作戦が始まったあとも、批判を恐れず何度もロシアを訪問してくださっています。

上月豊久前駐ロシア大使　２０１５年から8年間、大使としてモスクワで勤務されました。ロシアと日本の関係が難しくなる中でも、私を含めロシア人との対話を閉ざすことはありませんでした。

佐藤優元外務省主任分析官　外交官として平和条約交渉に全精力を傾けてこられました。退官後は作家として活躍されると同時に、これまでと変わらずロシアの友人であり続けています。

下斗米伸夫法政大学名誉教授　日本における最も優れたロシア研究者であり、困難な時代においても日ロ間の対話を維持するために取り組んでこられました。私が訪日したときは常に有意義な出会いの場をつくってくださっています。

東郷和彦元外務省欧州局長　ロ日交渉において私が最も信頼する交渉相手であるとともに、かけがえのない友人です。本書作成にあたっても得がたいパートナーとなってくれました。

中村友哉『月刊日本』編集長　東郷氏との対談をまとめ、雑誌に掲載してくれました。また、本書をつくるにあたって、短期間で見事な編集作業を行ってくれました。

アレクサンドル・パノフ（Alexander Panov）

1944年モスクワ生まれ。1968年ソ連外務省入省。ソ連外務省太平洋・東南アジア局長、ロシア外務省アジア太平洋局長、駐韓国ロシア大使などを経て、1994年にロシア外務次官。1996年、モスクワ国立国際関係大学で政治学博士号を取得。同年から2003年まで駐日ロシア大使。その後、ノルウェー大使、ロシア外交学院長を経て、現在はモスクワ国立国際関係大学教授、アメリカ・カナダ研究所上席研究員。

日本での著書は『不信から信頼へ　北方領土交渉の内幕』（サイマル出版会、1992年)、『雷のち晴れ　日露外交七年間の真実』（NHK出版、2004年）。ロシアにおける著書や論文は多数にのぼり、近著は『日本研究　国内政治と外交政策』（2024年）。

東郷和彦（とうごう・かずひこ）

1945年長野県生まれ。1968年外務省入省。条約局長、欧州局長、駐オランダ大使などを歴任し、2002年退官。ライデン大学、プリンストン大学、ソウル国立大学などで教鞭をとり、2009年ライデン大学で人文博士号を取得。2010～2020年まで京都産業大学教授・世界問題研究所長を務める。現在は静岡県立大学グローバル地域センター客員教授。

著書は『北方領土交渉秘録　失われた五度の機会』（新潮文庫、2011年）、『返還交渉　沖縄・北方領土の「光と影」』（PHP研究所、2017年）など多数。パノフ氏との共編著に『ロシアと日本　自己意識の歴史を比較する』（東京大学出版会、2016年）がある。

現代の「戦争と平和」　ロシア vs. 西側世界

2024 年 11 月 4 日　第 1 刷発行

著　者　アレクサンドル・パノフ、東郷和彦
発行者　南丘喜八郎
発行所　株式会社　ケイアンドケイプレス
〒１０２－００９３
東京都千代田区平河町２－１３－１　読売平河町ビル５階
ＴＥＬ　０３－５２１１－００９６
ＦＡＸ　０３－５２１１－００９７

印刷・製本　中央精版印刷　株式会社
乱丁・落丁はお取り替えします。

ISBN　978-4-906674-86-2
2024 Printed in Japan

埼玉県立浦和高校論文集

◆編著・佐藤優

佐藤優の授業を受け、浦高生は何を考えたか——。

本書は佐藤優氏が、母校の埼玉県立浦和高校が行っている「アドグル」に教員の補助員として毎週のように参加し、生徒たちに課した論文をまとめたものである。浦高関係者や、浦高進学を考えている学生たちに手に取ってもらいたい一冊。

本体一七〇〇円

夢のまた夢 小説 豊国廟考

◆豊島昭彦

天下とは何だ？ 富とは何ぞ？ 権力とは何ものか？

豊臣秀吉に仮託し、人生の終点を強く意識した歴史小説。

豊島昭彦君は埼玉県立浦和高校の同窓生で、波長が合い、とても親しくしていた友人だ。高校一年の夏、筆者がソ連・東欧を旅行した時の経験を『十五の夏』（幻冬舎）にまとめたが、その中にも登場してくる人物だ。（解説・佐藤優）

本体一六〇〇円